일본어가 쑥쑥 자라는

스쿠스쿠 すくすく

아오이 카요 · 시미즈 아유 저

日本語 4

PAGODA Books

스쿠스쿠 すくすく 日本語 회화 ④

초판 1쇄 발행 2010년 3월 15일, 2010년 3월 26일
개정판 1쇄 인쇄 2021년 5월 28일
개정판 1쇄 발행 2021년 5월 28일
개정판 3쇄 발행 2024년 12월 4일

지 은 이 | 아오이 카요(蒼井かよ), 시미즈 아유(清水亜優)
펴 낸 이 | 박경실
펴 낸 곳 | **PAGODA Books** 파고다북스
출판등록 | 2005년 5월 27일 제 300-2005-90호
주   소 | 06614 서울특별시 서초구 강남대로 419, 19층(서초동, 파고다타워)
전   화 | (02) 6940-4070
팩   스 | (02) 536-0660
홈페이지 | www.pagodabook.com

저작권자 | ⓒ 2021 파고다북스

ISBN 978-89-6281-872-7 (13730)

파고다북스　　　www.pagodabook.com
파고다 어학원　　www.pagoda21.com
파고다 인강　　　www.pagodastar.com
테스트 클리닉　　www.testclinic.com

Ɩ 낙장 및 파본은 구매처에서 교환해 드립니다.

일본어가 쑥쑥 자라는

스쿠스쿠

すくすく

아오이 카요 · 시미즈 아유 저

日本語
회화 ④

PAGODA Books

머리말

日本語学習歴が長い学生の中で、「韓国語のような日本語」で話している方が少なくありません。韓国語と日本語は語順が同じで、発音が似ている単語も多いことから、学習者は韓国語をそのまま日本語に直訳してしまう傾向が多く見られます。しかし、単語の意味は同じでも全ての単語が日本でよく使われる単語とは限りません。この「韓国語のような日本語」は日本人に伝わらない場合が多いため、何を伝えたいのかがよく分からないと思われてしまいます。

そこで、みなさんがより日本語らしい日本語を身につけたり、できるだけ多くの人が楽しく会話の練習ができるように本書を作りました。

本書は日本の文化や日本人の日常生活、考え方や一般常識などが分かる42のトピックで構成されております。トピックの内容は、学習目的や世代が違っても学習者が自分の体験や意見を大いに、そして楽しく自由に話しやすいような幅広いテーマに重点を置きました。また、より自然な日本語で話すためにみなさんにぜひ覚えていただきたいという一心で各課ごとの新出単語と文法を載せました。さらに、テーマトークの部分ではみなさんの会話の幅をさらに広げていただくために慣用句をはじめ、諺や擬音語・擬態語、そして辞書にはない日本人がよく使っている俗語など様々な資料をふんだんに用意しました。

日本に関心がある限り、今後も様々な場面で日本や日本語に接することが多いでしょう。そのため、日本語を短い期間で終わらせたり嫌々勉強したりせず、長い目で見ながら楽しく学習していただきたいのです。本書を通してみなさんがより自信を持って日本人と話せるようになり、さらに日本語のおもしろさを感じていただければ幸いです。

最後に、本書の出版にあたりご尽力をくださったパクギョンシル会長をはじめ、Wit&Wisdom出版の方々、編集の過程においてご協力くださったパゴダ語学院日本語科の日本人講師の皆様方、そして応援してくださった全ての皆様に心から感謝いたします。

蒼井かよ

일본어 학습 경력이 긴 학생 중에서 '한국어 같은 일본어'로 말하는 분이 적지 않습니다. 한국어와 일본어는 어순이 같고, 발음이 비슷한 단어도 많기 때문에 학습자는 한국어를 그대로 일본어로 직역해 버리는 경향이 흔히 보입니다. 하지만 단어의 의미는 같아도 모든 단어가 일본에서 자주 사용되는 단어라고는 한정할 수 없습니다. 이 '한국어 같은 일본어'는 일본인에게 통하지 않는 경우가 많기 때문에, 무엇을 전하려는지 잘 모르겠다고 생각해버립니다.

그래서, 여러분이 보다 일본어다운 일본어를 익히거나 가능한 한 많은 사람이 즐겁게 회화연습을 할 수 있도록 이 책을 만들었습니다.

이 책은 일본의 문화나 일본인의 일상생활, 사고방식과 일반상식 등을 알 수 있는 42개의 토픽으로 구성되어 있습니다. 토픽의 내용은 학습목적이나 세대가 달라도 학습자가 자신의 경험과 의견을 실컷, 그리고 즐겁게 자유롭게 말하기 쉬울 법한 폭넓은 주제에 중점을 두었습니다. 또, 보다 자연스러운 일본어로 말하기 위해서 여러분이 꼭 기억해주었으면 하는 일념으로 각 과마다 새로 나온 단어와 문법을 수록했습니다. 게다가, 테마토크 부분에서는 여러분의 대화의 폭을 더욱 넓히기 위해 관용구를 비롯해 속담과 의성어·의태어, 그리고 사전에는 없는 일본인이 자주 사용하는 속어 등 다양한 자료를 풍부하게 준비하였습니다.

일본에 관심이 있는 한, 앞으로도 다양한 장면에서 일본과 일본어에 접할 일이 많겠지요. 그 때문에 일본어를 짧은 기간에 끝내려 하거나 마지못해 공부한다거나 하지 않고, 긴 안목으로 보면서 즐겁게 학습했으면 합니다. 이 책을 통해서 여러분이 보다 자신감을 가지고 일본인과 말할 수 있게 되어 더욱 일본어의 재미를 느껴주었으면 좋겠습니다.

마지막으로, 이 책의 출판에 있어서 힘써주신 박경실 회장님을 비롯해 위트앤위즈덤 출판사 관계자분들, 편집 과정에 있어서 많은 도움을 주신 파고다학원 일본어과의 일본인 선생님 모든 분들, 그리고 응원해주신 모든 분들께 진심으로 감사드립니다.

아오이 카요

外国語を勉強する際に最も強く感じることは、「スピーキング」は「リーディング」とは全く別物だということです。単語をたくさん覚えても、会話相手がどのような返答をしてくるかは予想できないことが多いですし、会話する相手によってその先に広がる話題の数は未知数です。

この教科書で勉強しているみなさんの中には日本人と話すことは慣れてきたが、自分が話したい事はたくさんあるにも関わらず、100%表現できなくもどかしく感じている方もいらっしゃると思います。本書には、どんな話題でも柔軟に話せるように、多くのテーマを取り入れ、テーマごとによく使われるであろう単語もピックアップしてみました。フリートーキングを通して覚えた単語をアウトプットしていくことにより、本書を終える頃には語彙が豊富になり、様々な角度からより深いテーマについて話せるようになると思います。勉強する理由や目的は様々だと思いますが、みなさんの日本語会話の勉強に少しでもお役に立てればと思います。

最後に、本書の制作にあたり多大なご協力をいただいたパクギョンシル会長をはじめ、出版社の皆様、執筆および編集の過程でお力添えいただいたパゴダ語学院日本語科の先生方に心より感謝申し上げます。

清水亜優

외국어를 공부할 때 가장 강하게 느끼는 것은 '스피킹'은 '리딩'과는 전혀 다르다는 것입니다. 단어를 많이 외워도 대화 상대가 어떤 답변을 해올지는 예상할 수 없는 경우가 많기도 하고, 대화하는 상대에 따라 그다음에 펼쳐질 화제의 수는 미지수입니다.

이 교과서로 공부하고 있는 여러분 중에는 일본인과 말하는 것은 익숙해졌지만, 자신이 말하고 싶은 것이 잔뜩 있음에도 불구하고, 100% 표현하지 못해 안타깝게 여기는 분도 있으리라 생각합니다. 이 책에는 어떤 화제에서든지 유연하게 말할 수 있게끔 많은 테마를 다루었으며, 테마별로 자주 사용될 법한 단어도 선정해보았습니다. 프리토킹을 통해서 외워둔 단어를 아웃풋 함으로써, 이 책을 끝낼 때쯤에는 어휘력이 풍부해지고, 다양한 각도에서 보다 심도 깊은 주제에 대해 말할 수 있게끔 될 것입니다. 공부하는 이유와 목적은 다양하다고 생각하지만, 여러분의 일본어 회화 공부에 조금이나마 도움이 되었으면 좋겠습니다.

마지막으로, 이 책의 제작에 있어서 많은 도움을 주신 박경실 회장님을 비롯해 출판사 여러분, 집필 및 편집 과정에서 힘써주신 파고다어학원 일본어과의 선생님들께 진심으로 감사 말씀드립니다.

시미즈 아유

01 性格

ポイント　〜ためしがない

❶ ポイント

각 과에서 배울 주요 회화 문형에 대한 소개입니다. 실제 회화에서 가장 많이 쓰이는 중요 문법 문형을 각 과마다 1개씩 소개하고 있습니다.

読みましょう

❷ 単語

각 과에 나오는 중요한 단어에 대한 예습입니다. 4권에서는 학습자의 레벨을 고려해 본문의 한자에는 読み方를 생략하였습니다. 어려운 단어의 読み方와 의미를 미리 익혀 학습을 더욱 효율적으로 할 수 있도록 도와드립니다.

❸ 読みましょう!

각 과의 주제에 대해 프리토킹을 하기 위한 예문입니다. 글을 이어 나가는데 필요한 표현들, 원어민들이 사용하는 실질적인 단어나 관용구들을 알차게 녹여냈습니다. 유용한 표현들을 이야기의 전개에 따라 자연스럽게 익혀 볼 수 있습니다.

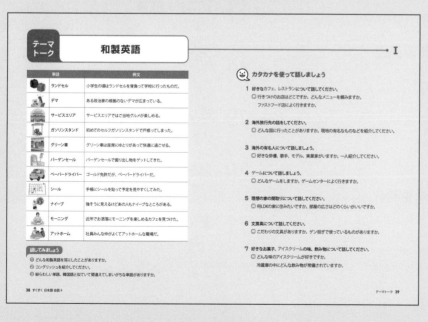

チェックポイント

V(普通形)
いA(普通形)
なA(〜な・〜である)　＋　ばかりでなく
N

↳ 〜だけでなく、〜のうえにさらに

- 先輩の家に招待され、ご馳走になったばかりでなく、手土産までいただいてしまった。
- ドラマを見ると、聞き取りができるようになるばかりでなく、その国の文化も知ることができる。
- 物価が安いばかりでなく、治安もよくてとても住みやすいので、移住を考えている。
- うちの上司は、お説教ばかりでなく、プライベートまで検索してくるのでうんざりしている。
- ストレスの溜めすぎは、私生活ばかりでなく、仕事にも影響を及ぼすのでよくない。
- このキャラクターは子供ばかりでなく、大人にも人気がある。

1. 彼は_____ばかりでなく、_____。
2. この店は_____ばかりでなく、_____。
3. _____ばかりでなく、_____。

74　すくすく 日本語 会話 4

フリートーキング

1. 四季の中でいつが一番好き / 嫌いですか。
2. 韓国の季節ごとのイベントや行事について話してみましょう。
3. あなたが好きなイベントや行事は何ですか。
4. 韓国の自然や気候の特徴を生かした行事は何がありますか。
5. 外国人に紹介したい韓国の伝統文化または参加してほしい韓国の伝統行事は何ですか。
6. 外国の文化や行事で印象的だったことは何ですか。
7. 失われつつある伝統文化を今後も受け継いでいくためには、どうすればいいと思いますか。

☑ 日本の年中行事

1月	初詣、おせち料理、十日戎、成人の日	7月	七夕、土用
2月	節分	8月	お盆、盆踊り
3月	ひな祭り、春分	9月	十五夜、秋分
4月	花見、潮干狩り	10月	紅葉狩り
5月	端午の節句	11月	七五三
6月	夏至	12月	冬至、年越しそば、除夜の鐘

15 年中行事　75

❹ チェックポイント

일본어 회화에 있어 매우 요긴하게 사용되는 문형에 대한 정리입니다. 다양한 예문을 통해 학습한 후, 학습자가 그 문형을 이용하여 직접 문장을 만들어 볼 수 있도록 구성하였습니다. 어떻게 말할지 몰라서 어렵게 설명했던 이야기를 이제 핵심 문형으로 간단하게 끝내세요.

❺ フリートーキング

이제 학습자가 직접 이야기를 해볼 차례입니다. 지금까지 배운 단어와 표현을 활용해, 주어진 화제와 질문에 알맞게 이야기를 나눠 보세요.

❻ テーマトーク

어떻게 시작해야 할지 몰랐던 프리토킹, 이제 풍부한 읽을거리와 볼거리를 활용해 이야기해 보세요.
원어민이 평소에 사용하는 관용구, 일본식 영단어 등의 생생한 일본어 표현들과 롤플레이 활동 등 테마별로 다양한 형식을 수록하였습니다.

テーマトーク　和製英語

単語	例文
ランドセル	小学生の頃はランドセルを背負って学校に行ったものだ。
デマ	ある政治家の根拠のないデマが広がっている。
サービスエリア	サービスエリアではご当地グルメが楽しめる。
ガソリンスタンド	初めてセルフガソリンスタンドで戸惑ってしまった。
グリーン車	グリーン車は座席にゆとりがあって快適に過ごせる。
バーゲンセール	バーゲンセールで掘り出し物をゲットしてきた。
ペーパードライバー	ゴールド免許だが、ペーパードライバーだ。
シール	手帳にシールを貼って予定を見やすくしてみた。
ナイーブ	強そうに見えるけどあの人もナイーブなところがある。
モーニング	近所でお洒落にモーニングを楽しめるカフェを見つけた。
アットホーム	社員みんな仲がよくてアットホームな職場だ。

話してみましょう

① どんな和製英語を耳にしたことがありますか。
② コングリッシュを紹介してください。
③ 紛らわしい単語、韓国語と似ていて間違えてしまいがちな単語がありますか。

😊 カタカナを使って話しましょう

1. 好きなカフェ、レストランについて話してください。
   💬 行きつけのお店はどこですか。どんなメニューを頼みますか。
   ファストフード店によく行きますか。

2. 海外旅行先の話をしてください。
   💬 どんな国に行ったことがありますか。現地の有名なものなどを紹介してください。

3. 海外の有名人について話しましょう。
   💬 好きな俳優、歌手、モデル、実業家がいますか、一人紹介してください。

4. ゲームについて話しましょう。
   💬 どんなゲームをしますか。ゲームセンターによく行きますか。

5. 理想の家の間取りについて話してください。
   💬 何LDKの家に住みたいですか。部屋の広さはどのくらいがいいですか。

6. 文房具について話してください。
   💬 こだわりの文具がありますか。ゲン担ぎで使っているものがありますか。

7. 好きなお菓子、アイスクリームの味、飲み物について話してください。
   💬 どんな味のアイスクリームが好きですか。
   冷蔵庫の中にどんな飲み物が常備されていますか。

38　すくすく 日本語 会話 4

テーマトーク　39

I

목차

01 性格

ポイント | ～ためしがない

単語 　　　　　　　　　　　　　　　　　　　　　　🎧 mp3

意図 의도 | 扱い 취급, 다룸 | しつけ 예의범절을 가르침 | しっかり者 의지가 굳센 사람, 견실한 사람 | やり遂げる 완수하다, 끝까지 해내다 | 黙々と 묵묵히, 말없이 | おっちょこちょい 경박함, 덜렁이 | 空回り 겉돎, 헛돎 | 二度手間 (한 번으로 충분한 일을) 두 번 수고함 | 素直だ 솔직하다, 순수하다 | お調子者 줏대 없이 휩쓸리는 사람, 적당히 남의 비위만 맞추는 사람 | 愛嬌 애교 | ノリがいい 분위기가 좋다, 잘 동조해주다 | 今一つ 하나 더, 조금만 더 하면 되는데 뭔가 하나 (부족한 모양) | 世話が焼ける 손이 많이 가다, 성가시다 | こなす 구사하다, 해내다 | 屁理屈 억지 이론, 말이 안 되는 생떼 | 口答え(する) 말대답, 말대꾸(하다) | 不満を漏らす 불만을 토로하다 | 卑屈 비굴 | ふてくされる 부루퉁해지다, 토라지다 | 付き添う 곁에 따르다, 시중들다(옆에서 돕다) | あえて 일부러, 굳이 | 突き放す 떼어 버리다, 관계를 끊다

　社会生活の中で人とのコミュニケーションは必要不可欠だが、話し相手によっては性格が全く違い、こちらの意図や考えが全く伝わらず、関係が悪くなってしまうということも多少ある。

　毎年新入社員が入ってくる職場も例外ではない。最近では職場でバブル世代VSゆとり世代と言われているほど、部下の扱いが分からず困ってしまっている上司も多い。「部下のしつけ」「部下の指導法」などの本が売れているのも納得ができるが、世代が違っても部下のタイプというものはいくつかあるようだ。今日はある職場の新入社員の岡田さん、渡辺さん、長谷川さん、三浦さんの4人を紹介しよう。

　岡田さんは頑張り屋だ。しっかり者で責任感が強く、どんなに大変な仕事でも文句ひとつ言わず最後までやり遂げる性格だ。いつも職場に最後まで残っていて黙々と真面目に仕事をしているが、疲れている自覚がないようにも感じる。しっかり者の岡田さんにひきかえ渡辺さんは、少しおっちょこちょいなタイプだ。やる気はあるのだがいつも空回りしてしまう。仕事は早いのだが、細かいミスやこちらの指示とは全く違うことをしたりもするので、完成しても結局やり直すこともあり二度手間になってしまうこともある。

　長谷川さんは上司のアドバイスも素直に聞き入れるが、お調子者なところがある。愛嬌がありノリがいいため上司に気に入られるタイプだが、仕事が今一つで世話が焼ける。優先順位を考えずに仕事をしてしまうので、周りに迷惑をかけてしまうこともしばしば。

　三浦さんは仕事を完璧にこなすが、屁理屈や口答えが多いタイプだ。指示をしても反論してくることがあり、いつも不満を漏らしている。「どうせ自分は評価されていないから」と卑屈になりふてくされてしまい、自ら意見を出したり仕事を進んでした ためしがない 。

　さて、みなさんがもしこの4人の上司だったらどのように部下とコミュニケーションを取って育てるだろうか。最後まで付き添い面倒を見るもよし、あえて突き放して一人で頑張らせるのもよしだが、性格がバラバラな職場でチームをまとめるのも上司としての腕の見せ所でもある。よりよい職場環境作りのためにも人間関係をよくした方が仕事が円滑に行えるのだ。

チェックポイント

V(た形) ＋ ためしがない

‥‥

≒ (今まで)〜たことがない

- 試作品として作ったものは今一つなものばかりで、成功したためしがない。

- いつも2、30分遅刻して来るくせに謝ったためしがない。

- 他の学生より後れをとっているが、彼が練習しているところを見たためしがない。

- 料理を調子に乗ってたくさん作るが、全部食べられたためしがない。

- 参考書を買うものの、一度も最後までやりきったためしがない。

- 授業に登録したが、一回も行ったためしがない。

1. ＿＿＿＿＿＿＿＿＿＿＿＿＿＿＿＿＿＿＿＿＿＿＿＿＿＿見たためしがない。

2. 便利だと思って買ってみたが、＿＿＿＿＿＿＿＿＿＿＿＿＿ためしがない。

3. ＿＿＿＿＿＿＿＿＿＿＿＿＿＿＿＿＿＿＿＿＿＿＿＿＿ためしがない。

フリートーキング

1 あなたはどんな性格ですか。

2 人からどんな性格だと言われますか。

3 子供の頃に比べて性格が変わったと思いますか。

4 あなたの周りの人の性格を紹介してください。(上司、先輩、後輩、友達、家族、恋人)

5 性格が正反対の人が周りにいますか。どのように付き合っていますか。

6 今まで会った人の中で、第一印象と性格のギャップに驚いた人がいましたか。

7 あなたと気が合う人はどんな人ですか。気が合わない人はどんな人ですか。

8 あなたは血液型性格診断を信じていますか。

長所	短所
慎重だ 신중하다	いい加減だ 무책임하다
面倒見がいい 잘 돌봐 주다	お節介だ 참견이 심하다
穏やかだ 온화하다	がさつだ 거칠고 덜렁대다
器が大きい 그릇이 크다	ずぼらだ 흐리터분하다, 칠칠치 못하다
のんきだ 느긋하고 걱정이 없다, 태평하다	せっかちだ 성질이 급하다, 성급하다
謙虚だ 겸허하다	頑固だ 완고하다
几帳面だ 착실하고 꼼꼼하다	神経質だ 신경질적이다
冷静だ 냉정하다, 침착하다	大雑把だ 대충해서 엉성하다, 덤벙대다
気さくだ 싹싹하다	人見知り 낯가림
前向き / ポジティブ 긍정적임, 적극적임	臆病だ 겁이 많다, 소심하다

02 映画・ドラマ

ポイント　～得る・得る／得ない

単語　　　　　　　　　　　　　　　　　　　　　　　　　　🎧 mp3

公開 공개, (영화) 개봉 ｜ 首を長くする 학수고대하다, 목이 빠지게 기다리다 ｜ 実写化 실사화(만화·애니메이션 등의 작품을
영화나 드라마 등으로 만드는 것) ｜ 賛否両論 찬반양론 ｜ 絶妙 절묘 ｜ 功を奏する 공을 이루다, 성과가 나타나다
絞る 좁히다, (쥐어)짜다 ｜ スカッとする 뻥 뚫리다, 후련하다(막히던 것이 사라져 개운한 모양) ｜ 陰湿 음습 ｜ 味わう 맛보다
恐竜 공룡 ｜ 乱射 (총 등의) 난사 ｜ 推す 밀다, 추천하다 ｜ 何かにつけて 걸핏하면, 기회가 있을 때마다
～好きが高じる 좋아하는 마음이 더해지다, 심해지다 ｜ 足を運ぶ 발걸음을 옮기다, 찾아가보다 ｜ 実話 실화
心が晴れる 속이 후련해지다 ｜ 傑作 걸작, 뛰어난 작품 ｜ 見切り発車 승객이 다 타기 전에 출발하는 것, 논의를 충분히 하지
않고 결정을 내려 실행에 옮기는 일 ｜ 二の舞 전철을 밟음, 같은 실패를 되풀이함 ｜ あらすじ 줄거리, 개요 ｜ 吹き替え 더빙

　今日は待ちに待った映画の公開日だ。私の好きな小説が原作の映画が公開されることが決まってから、この日を首を長くして待っていたのだ。小説や漫画をもとに実写化された映画はたいてい賛否両論があり、評価が分かれたりするが、今回の映画は役者の演技が絶妙だったのが功を奏して、試写会の時から大ヒット間違いなしと言われていた。もちろん純粋な原作ファンは不満かもしれないが。

　「お気に入りの映画は何ですか」と聞かれたら正直困る。ありすぎて一つに絞れないのだ。派手なアクション映画を見ると溜まっていたストレスが発散されスカッとするし、SF映画を見ると非現実的な世界に入り込むことができる。恋愛映画を見て青春時代を思い出したり、陰湿ないじめやホラー映画を見て普段感じることができないドキドキや緊張感を味わうこともできる。魔法使いになったり、恐竜がいる森で探検をしたり、銃が乱射されていたりと日常では起こり得ないような世界の中に入り込み、現実逃避をする時もある。映画は単純に娯楽として楽しめるだけでなく、2〜3時間という短い時間で気分転換ができるのだ。最近では映画鑑賞の料金が上がってきて「映画館離れ」という単語が出てきてはいるが、私はまだまだ映画館で見る特別感を推していきたいと思っている。

　私の友達に映画好きの友達がいる。彼は何かにつけて映画を紹介してくるほど映画が大好きだ。映画好きが高じて映画の制作会社に就職し、周りの映画好きの友達と月に1回映画祭を開催している。また、旅行をすれば必ずといっていいほど映画のロケ地に足を運ぶのだ。そんな彼にある一本の映画を紹介された。

　彼に紹介された映画は実話をもとにして作られ、世界中で大ヒットした映画だった。特に派手ではなく目立つ演出があるわけでもなく、でも見終わった後には心が晴れ自分が持っていた価値観や無意識にしていた差別について考えさせられた映画だった。彼のおかげで何度見ても飽きない、まさに傑作と呼べる作品に出会えたのだ。

　名作と呼ばれる映画はメッセージ性が強く、人生において大切なものを教えてくれる。みなさんにも人生に影響を与えた最高の1本があるのではないだろうか。

チェックポイント

V(ます形) ➕ 得る / 得ない

. . . .

≒ ～という可能性がある / ～という可能性がない

- このまま見切り発車で進めてしまうと、昨年の二の舞になり得る。

- よく遅刻してくる福田さんがこの時間まで来ないことは、十分予想し得ることだ。

- どこで入手したのか、彼は当事者しか知り得ない情報を知っていた。

- 将来、旅行先の選択肢の一つに宇宙が入ってくることもあり得る。

- 大人になるまで、キャベツとレタスは同じものだとあり得ない勘違いをしていた。

- あり得ないクレームがきて、対応に困ったことが多々ある。

1. ドラマの世界では＿＿＿＿＿＿＿＿＿＿＿＿＿＿＿＿＿＿＿＿＿得ないことが多い。

2. ＿＿＿＿＿＿＿＿＿＿＿＿＿＿＿＿＿＿＿＿＿＿＿＿、充分あり得る話だ。

3. ＿＿＿＿＿＿＿＿＿＿＿＿＿＿＿＿＿＿＿＿＿＿＿＿＿＿＿得る。

フリートーキング

1. 好きな映画・ドラマがありますか。あらすじを話してください。

2. 好きな俳優・女優がいますか。

3. 〇〇といえば…代表的な俳優・女優がいますか。(二枚目、三枚目、子役…)

4. 吹き替え版の映画を見たことがありますか。

5. あなたの人生に影響を与えた映画やドラマがありますか。

6. 映画を見る時、席にこだわりがありますか。

7. 映画やドラマを選ぶ基準は何ですか。

8. こんなのあり得ない！と思った映画やドラマの場面を話してください。

9. 失敗作だと思った映画を話してください。

10. 賛否が分かれて話題になった作品がありましたか。また、あなたの意見はどうでしたか。

11. 大人になって映画の好みが変わりましたか。

03 学習・勉強

単語　🎧 mp3

先入観(せんにゅうかん) 선입관, 선입견 | 固定観念(こていかんねん) 고정 관념 | 四苦八苦(しくはっく) 심한 고통, 온갖 고생 | 陥る(おちいる) 빠지다

ダラダラする 질질 끌다, 장황하다 | 息抜き(する)(いきぬき) 한숨 돌림(한숨 돌리다) | 思い描く(おもえがく) 마음에 그리다, 상상하다

必ずしも(かならず) 반드시 (~인 것은 아니다) | せいぜい 기껏, 겨우 | 無駄だ(むだ) 소용없다, 헛되다 | コツコツ(と) 꾸준히, 우직하게

継続(する)(けいぞく) 계속(하다) | 石の上にも三年(いしのうえにもさんねん) 참고 견디면 복이 온다 | 塵も積もれば山となる(ちりもつもればやまとなる) 티끌 모아 태산

報われる(むくわれる) 보답받다 | 諺(ことわざ) 속담 | 立ち向かう(たちむかう) 당면하다, 맞서다 | 幅を広げる(はばをひろげる) 폭을 넓히다 | 弊害(へいがい) 폐해

「勉強」と聞いてどのようなイメージを持つだろうか。テスト勉強に苦労した、受験勉強が大変だった、そういった学生時代の経験から、苦手だという先入観や固定観念を持つ人が多いのではないだろうか。

私自身、学生時代は勉強に四苦八苦した思い出がある。問題が分からずイライラしたり、将来の役に立たないのではないかと答えのない考えに陥り、一時期勉強をサボりダラダラしてしまったこともあった。また高校3年生の時には、受験のために毎月のように模擬試験があったのだが、思うように成績が上がらず、スランプに陥ってしまったこともあった。そんな時は運動をして息抜きしたり、合格した時のことを頭に思い描いてモチベーションをあげたりしてなんとか乗り切ることができた。

ただ、今振り返ってみればその時学んだ知識がすべて役に立っているかといえば、必ずしもそうとは言えないように思う。死に物狂いで勉強した とはいえ 、使わなければ忘れてしまうものは多いし、日常生活の中で必要な場面もあまりない。せいぜいクイズ番組を見たときに正解が分かることがあるぐらいだろう。

しかし、その時「勉強をした」ということは決して無駄にはなっていないと思う。辛い思いをしながら目標に向かって頑張ったこと、計画を立て毎日コツコツと継続して行ったことなど、様々な経験が人として成長させてくれたと思う。「石の上にも三年」、「塵も積もれば山となる」、努力すれば報われるという意味の諺がたくさんあるが、それを実際に経験できたことは、困難に直面した際に立ち向かう勇気を与えてくれていると思う。また、勉強する中で興味を持ったことに関係する職に就くこともでき、今は充実した生活を送ることができている。

勉強は知識を得ることだけでなく、人間的に成長する機会や、将来の可能性の幅を広げる機会を与えてくれるものだと思う。勉強に苦手意識を持たずに一生懸命取り組んでほしい。また勉強は学生に限ったものではない。人生のどの段階でも勉強する機会はある。何事にも興味を持ち積極的に挑戦してほしい。

チェックポイント

V(普通形)
いA(普通形)
なA(普通形・だ)
N(普通形・だ)

 + **とはいえ**

≒ 〜だが、〜ても、〜といっても

- 気に障ったとはいえ、公衆の面前で喧嘩を始めるなんて。

- 子供が生まれたとはいえ、親としての自覚がなければ意味がない。

- いくら外が暑いとはいえ、エアコン19度はさすがに寒くない?

- 無意識とはいえ、他の人を傷つけるようなことは言ってはいけないと思うよ。

- 親しい友達とはいえ、最低限の礼儀は守った方がいいと思う。

- 推薦入試とはいえ、ある程度は勉強しておいた方がいいだろう。

1. 予想していたとはいえ、＿＿＿＿＿＿＿＿＿＿＿＿＿＿＿＿＿＿。

2. ＿＿＿＿＿＿＿＿＿＿＿＿＿＿＿とはいえ、完璧というわけではない。

3. ＿＿＿＿＿＿＿＿＿＿とはいえ＿＿＿＿＿＿＿＿＿＿＿。

フリートーキング

1. あなたの勉強法を教えてください。

2. あなたは文系ですか、理系ですか。どんな科目が得意/苦手でしたか。

3. コツコツ勉強するタイプですか。一夜漬けで勉強するタイプですか。

4. 勉強する気にならないとき、息抜きに何をしますか。

5. 勉強して役に立ったこと、役に立たなかったことは何ですか。

6. 受験勉強、試験勉強の思い出を話してください。

7. 今までにどんな試験を受けたことがありますか。

8. あなたは授業を受けるとき前の方に座りますか、後ろの方に座りますか。

9. 「受験の弊害」にはどんなことがあると思いますか。

04 音楽

単語 🎧 mp3

思い出に浸る 추억에 잠기다 | 圧倒的 압도적 | ～ばり 닮음, 흉내 냄 | ルックス 얼굴 생김새, 용모(looks)

加える 가하다, 더하다 | ノリがいい 분위기가 좋다 | 人気を博す 인기를 얻다 | 代名詞 대명사 | 転売 전매, 되팔아넘김

一目見る 한번 보다 | 飛び跳ねる 기뻐하며 날뛰다, 펄쩍펄쩍 뛰다 | 絞る (쥐어)짜다 | 汗だく 땀투성이

心身 심신, 몸과 마음 | 憂鬱だ 우울하다 | アップテンポ 업 템포, 빠른 가락 | 声がガラガラになる 목소리가 쉬다

多種多様 다종다양 | ジャンル 장르 | 懐かしい 그립다 | BGM(ビージーエム) 배경 음악 | 普及 보급

特典 특전(특별한 혜택) | 十八番 장기, 특기, 십팔번(애창곡, 즐겨 부르는 노래)

　「うわ〜この曲久々に聞いた！いつの曲だっけ？」店の中で急に流れてきた曲を調べてみたら思ったより昔の曲でびっくりした。それと同時にいつの間にかこの曲をよく聞いていた当時の思い出に浸っていた。

　当時中学生だった私は、お気に入りの歌手がシングルCDを出すたびに、お小遣いを握りしめてCD屋さんに行っていたものだ。その歌手は子供の頃から合唱団に入っていただけに圧倒的な歌唱力を持ち、モデルばりのルックスに加え、曲のノリがよく若者にも共感されやすい歌詞で人気を博していた。さらには夏の代名詞とも言われ、コンサートをしたらチケットは一秒で完売し、転売された高価格のチケットを入手してでもその歌手を一目見たいと願う人が多かったものだ。

　もちろん中学生だった私はコンサートに行かせてはもらえなかったが、当時大学生だった姉に聞いた話によるとライブでは休みなしで歌い続け、観客も一緒になって歌い飛び跳ね続けていたという。いつも姉がコンサートへ行くたびにTシャツが絞れるくらい汗だくで帰ってきていたのを思い出す。

　音楽とは不思議なものだ。クラシックやバラードの曲は聴くだけで心身の疲れをとってくれ、嫌なことがあって憂鬱な時でも、アップテンポの曲を聴くことによってテンションを上げることができる。またカラオケで歌詞に自分の気持ちを乗せ、声がガラガラになるまで歌い、ストレスが発散出来たりすることもある。多種多様なジャンルがあり、好みも人それぞれだ。「NO MUSIC NO LIFE」という言葉の通り、音楽が日常の一部になり、音楽なしでは生活できないくらい必要不可欠なものとなっている人もいる。懐かしいメロディが聞こえてきたとき、その歌を聞いていた当時のことを思い出すように、音楽は人生のある場面のBGMになることも多い。

　近頃ではスマホやストリーミング配信サービスの普及により、より音楽を身近に感じることができ、新たなジャンルや歌手の発見もしやすくなっている。CDを購入したりレンタルしなくても月額料金を支払うだけでいろいろな曲が聴き放題になるところが人気の理由の一つだ。しかし好調なストリーミング配信サービスにひきかえ、売り上げが落ちてきているのがCDだ。日本人は収集癖がある人も多いことから未だにCDが売られているが、近年では売り上げ額も減少しているといわれている。握手券やハイタッチ券などの特典を入れ、売り上げをなんとか伸ばしているアーティストもいるが、いずれCDを見なくなる日が来るかもしれない。

チェックポイント

> **V(普通形)**
> **いA(普通形)**
> **なA(〜な·〜である·〜だった)**
> **N·Nである·Nだった**
>
> 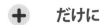 **だけに**
>
> ≒ 〜にふさわしく、さすが〜だから

- 今まで死ぬ気で勉強してきただけに、合格した時は本当に嬉しかった。

- 若いだけに仕事の飲み込みが早いなあ。

- 安藤部長は海外赴任経験が豊富なだけに、外国の取引先の対応も瞬時に応じられる。

- 有名な事務所の所属メンバーだっただけに、彼女のダンスは圧巻だった。

- GWだけに、ホテルはどこも予約ができなかった。

- デビュー30周年だけに、海外で行われたライブにもたくさんのファンが駆け付けた。

1. ＿＿＿＿＿＿＿＿＿＿経験があるだけに＿＿＿＿＿＿＿＿＿＿＿＿。

2. テレビに出てきたお店だけに＿＿＿＿＿＿＿＿＿＿＿＿＿＿＿＿。

3. ＿＿＿＿＿＿＿＿＿＿＿＿＿だけに＿＿＿＿＿＿＿＿＿＿＿。

フリートーキング

1. どんな媒体で音楽を聴いていますか。音楽プレーヤーを使いますか。

2. あなたはどんな時に音楽を聴きますか。気分によって聴きたくなる曲が変わりますか。

3. 好きな歌手は誰ですか。思い出の曲がありますか。

4. 最近話題の歌手について話してください。

5. カラオケによく行きますか。あなたの十八番は何ですか。

6. あなたが行ったことがあるコンサートについて話してください。

7. 決まったイメージがある歌手と聞いて思い浮かぶのは誰ですか。
   (夏の歌手、アニソンの歌手、バラードの女王、国民的歌手など)

8. あなたはどんな楽器が演奏できますか。

9. CDの売り上げ減少に対して、ミュージシャンはどのようにすればいいかあなたの意見を話してください。

10. 国によって歌手や曲の特徴があると思いますか。

音楽のジャンル

アニメソング	アカペラ	インディーズ	演歌
エモ	オペラ	合唱	カントリー
クラシック	K-POP	ゴスペル	サルサ
ジャズ	ディスコ	童謡	バラード
ヒップホップ	ブルース	ロック	ワルツ

05 スポーツ

ポイント　　　〜までもない

単語

🎧 mp3

とどまる 머물다 | 極める 극에 달하다 | 〜組 ~조, 짝 | 打ち合い 시합, 반격함 | ふざける 까불다, 장난치다

技 기술, 재주 | カナヅチ 헤엄을 조금도 못침(소위 '맥주병') | 嫌々 마지못해 | 颯爽 씩씩한 모양

〜を横目に ~을 본체만체하고, ~을 무시한 체로 | ヘトヘト 지쳐서 힘이 없는 모양 | 手に汗握る 손에 땀을 쥐다

一喜一憂 일희일우, 일희일비 | 我を忘れる 넋을 잃다 | ハイタッチ 하이파이브 | ため息をつく 한숨을 쉬다

野次を飛ばす 야유를 퍼붓다 | 臨場感 현장감 | 億劫だ 귀찮다 | 鍛える 단련하다

非の打ち所がない 더할 나위 없다

読みましょう

　人々の日常生活の中で欠かせないもののうちの一つに、スポーツが挙げられる。私のようにすることは苦手だが観戦することは好きだという人もいれば、ただ単に健康のために運動をしている人もいる。また、趣味の範囲にとどまらず、プロアスリートレベルまで極める人もいる。今日は私がスポーツと聞いて思い出す2つのエピソードを紹介しよう。

　一つは学生時代の体育の授業だ。テニスの授業の際にクラスメイトと2人1組になって打ち合いをするのだが、受験前で体育の授業をストレス発散の場としか考えていなかった私は、ふざけてテニスアニメに出てくるキャラクターの技の真似をよくしていたものだ。また、毎年夏になると体育の授業で泳がなければならないのだが、カナヅチの私はどうにかサボれないものかと考えながら嫌々授業を受けていた。やっと水泳の授業が終わったかと思えば、今度は冬のマラソン大会で長距離を走らなければならない。颯爽と走る陸上部を横目に私は毎回ヘトヘトになりながらなんとか走っていたものだ。

　もう一つ、スポーツと聞いて思い出すのは競技場での観戦だ。「わざわざ競技場に行くまでもない。テレビで見れば充分だ」と考える人も多いようだが、私はテレビ観戦よりも実際に野球場やサッカースタジアムに行って試合を見ることが好きだ。手に汗握りながらも選手のプレーに一喜一憂し、いいプレーがあれば我も忘れて歓声をあげ、周りの人とハイタッチをし、一緒に盛り上がることができる。逆にあまりよくないプレーだと、ため息をついたり野次を飛ばしたり…知らない人と同じ目的で盛り上がることができ、声を枯らしながら応援するファンやサポーターの姿を見ると、まるでスタジアムが一つになったかのような一体感がある。最近のテレビは音響や大画面で臨場感が味わえることもあるが、現場でしか感じられない、見られないドラマがあるのだ。

　子供の頃は公園で走り回っていたものだが、大人になるにつれて体を動かすことが億劫になってくる。しかし身体を鍛えるだけでなく、心も鍛えられ、仲間と協力することで友情も深められるスポーツには、無心に体を動かすだけでなく多くの魅力があるだろう。今日はスポーツについて話してみよう。

チェックポイント

V(基本形) ＋ までもない

• •

≒ 〜する必要がない

- この映画はいい評判を聞かない。映画館で見るまでもないだろう。

- 演技力も容姿も非の打ち所がない。彼が主役になるのは言うまでもないだろう。

- 興味本位でいろいろ聞いてくる人には、私の悩みを話すまでもない。

- 昨日から体がだるいが、薬を飲むまでもない。

- どうせすぐ忘れるんだから教えるまでもないよ。

- A　留学したいんだろ？親御さんに話してみたら？

  B　ダメって言うに決まってるじゃん。相談するまでもないよ。

1. _____ 言うまでもない。

2. この問題は簡単すぎる。_____ までもない。

3. _____ までもない。

フリートーキング

1 あなたはどんなスポーツをしたことがありますか。

2 応援しているチームや選手、今注目の選手について話してください。

3 スポーツを通して得たものがありますか。

4 印象に残っている試合、競技について話してください。

5 スポーツの魅力は何だと思いますか。

6 スポーツ選手の名言について話してください。

7 スポーツに関する事件について話してください。

8 eスポーツについてどう思いますか。意見を話してください。

✅ スポーツの漢字クイズ

❶ 打球	ゴルフ	❷ 蹴球	サッカー
❸ 籠球	バスケットボール	❹ 排球	バレーボール
❺ 庭球		❻ 羽球	
❼ 拳闘		❽ 十柱戯	
❾ 氷球		❿ 洋弓	

06 ストレス

ポイント　　　〜では(じゃ)あるまいし

単語　　　　　　　　　　　　　　　　　　　　　　　　　　　　　　　🎧 mp3

少なからず 적잖이, 적어도 ┃ 抱える 껴안다 ┃ 進路 진로 ┃ 金銭面 금전적인 측면 ┃ 耐える 참다, 견디다

大半 과반, 대부분 ┃ 敏感だ 민감하다 ┃ 限られる 한정되다 ┃ のろのろ 꾸물꾸물, 느릿느릿 ┃ 長蛇の列 장사진(길게
줄지어 선 모습) ┃ 滑り込む (기한 안에) 간신히 들어가다 ┃ 小銭 잔돈 ┃ ひったくる 잡아채다, 낚아채다

罵声を浴びせる 큰소리로 욕을 퍼붓다 ┃ 気が滅入る 풀이 죽다, 우울해지다 ┃ 気晴らし 기분 전환

ひとつの手 하나의 방법 ┃ 息抜き 숨 돌림, 잠깐의 휴식 ┃ 侍 사무라이(옛 일본의 무사) ┃ 節々 마디마디 ┃ めまい 현기증

動悸 동계(심장의 두근거림) ┃ 息切れ 숨이 참, 헐떡임 ┃ ちょっとしたこと 대수롭지 않은 일, 사소한 것

やりがい 보람(할 만한 가치) ┃ 投げやり 일을 중도에서 팽개쳐 둠(될대로 되라는 식) ┃ 耳鳴り 이명(귓병)

　「今ストレスがありますか」そう聞かれて「いいえ、全く」と答えられる人はどのくらいいるだろうか。人は日々生活する中で少なからず一つはストレスを抱えて生きているものだ。ある調査によると学生が抱えるストレスの1位は勉強、2位は進路や将来、3位は人間関係となり、大人が感じるストレスには人間関係、金銭面、子育て、離婚など様々であった。人に迷惑をかけない、耐えることがいい、上司の言うことは絶対だとされている日本はストレス大国とも呼ばれ、疲れている社会人が大半だと言われている。

　ストレスを感じる状況は人によって違う。神経質な人は小さいことも気になり敏感になって余計にストレスを溜めがちだ。私の場合、バイト先のコンビニでかなりストレスが溜まっていた。

　業務が始まると商品を並べるが、時間が限られているにも関わらず、先輩がのろのろと品出しをしている。新人じゃあるまいし、もうちょっと速くできないものかと感じながらも開店作業を進めていく。お店が開いたら今度はお客様だ。朝のラッシュ時になるとレジの前に長蛇の列ができる。駅前に店があるためか、電車の発車時間ギリギリにお店に滑り込み、何かを購入していく人も多い。余裕がなくイライラしているためか、小銭を投げるように出してきたり、商品をひったくるようにして持っていくお客さんもいる。少しでもミスをすると罵声を浴びせられ、気が滅入ってしまう。こんな仕事早く辞めてやると思いながらも、なかなか辞められないのが現状だ。

　そんな私は、ストレスが溜まると気晴らしに泣ける映画を見ることが多い。楽しいことをして遊ぶのもひとつの手だが、逆に疲れてしまうこともある。家で一人で感動する映画を見て周りを気にせず思いきり泣くことで、涙と一緒にストレスも流れる気がして映画を見終わるころにはすっきりできるのだ。

　忙しい現代社会では、自分がストレスを溜めていることにすら気が付かずに、爆発するまで頑張ってしまう人も多い。ストレスに対するケアがあまりなされていない現在の日本では、少しでも息抜きできるように普段の生活から意識していくべきだと私は思う。

N ＋ では(じゃ)あるまいし

⋯⋯⋯

≒ ～ではないのだから(非難する)

- 子供ではあるまいし、ゲームに負けたくらいで拗ねないでよ。

- 専門家じゃあるまいし、そんなに口出ししないで好きにやらせてよ。

- 同期のくせに人使いが荒い。上司じゃあるまいし、やめてほしい。

- 魔法が使えたらなんて非現実的なことは考えるなよ。映画の世界じゃあるまいし。

- 侍なんかいるわけないよ。戦国時代じゃあるまいし。

- 金持ちじゃあるまいし、そんな高いブランド品買えるわけないじゃないか。

1. 初めてではあるまいし、＿＿＿＿＿＿＿＿＿＿＿＿＿＿＿＿＿＿＿＿＿＿＿＿＿＿＿。

2. 機械じゃあるまいし、＿＿＿＿＿＿＿＿＿＿＿＿＿＿＿＿＿＿＿＿＿＿＿＿＿＿＿。

3. ＿＿＿＿＿＿＿＿＿＿じゃあるまいし、＿＿＿＿＿＿＿＿＿＿＿＿＿＿＿＿＿＿＿。

フリートーキング

1. あなたはどんなことにストレスを感じますか。

2. あなたは普段からストレスを感じやすい方ですか。その原因は何だと思いますか。

3. ストレスをどのように解消していますか。

4. ストレスを溜めないように普段からしていることがありますか。

5. やる気や意欲がないときどうしますか。最近やる気が出ないことやしたくないことは何ですか。

6. 誰かに相談に乗ってもらうことが多いですか。

7. ストレスを溜めやすい人、溜めにくい人の違いは何だと思いますか。

☑ ストレスチェック

NO.	内容	チェック
1	体の節々が痛む	
2	めまいがする	
3	いつも注意していなければならないことがある	
4	周りで騒音がするときがある	
5	動悸や息切れがする	
6	いつも体がだるい	
7	仕事が手につかない	
8	いつもへとへとだ	
9	寝つきが悪い	
10	ちょっとしたことで緊張する	
11	仕事にやりがいを感じていない	
12	ため息をつくことが多い	
13	投げやりな気持ちになることが多い	
14	耳鳴りがすることがある	
15	何をするのも億劫だ	

07 食べ物

単語

🎧 mp3

彩り 색감, 배색 ｜ お惣菜 반찬 ｜ 揚げ物 튀김 ｜ ご馳走 맛있는 음식, 진수성찬 ｜ 腹持ち 근기, 배가 든든함 ｜ 間食 간식

白米 백미 ｜ 恋しい 그립다 ｜ まかない 식사를 마련하는 사람, 또는 직원에게 만들어주는 음식 ｜ 鱈腹 배불리, 실컷

冷凍食品 냉동식품 ｜ レトルト食品 레토르트 식품 ｜ ろくなもの 제대로 된 것, 쓸 만한 것

～がたたる ～가 빌미가 되다, ～로 인해 탈이 나다 ｜ 肌荒れ 피부가 거칠어짐, 피부 트러블

心がける 항상 주의하다, 명심하다 ｜ 作り置き 만들어 두는 것 ｜ 小分け 소분, 잘게 나눔 ｜ 腕が上がる 솜씨가 늘다

帰省 귀성 ｜ 相変わらず 변함없이, 여전히 ｜ 具だくさん 건더기가 많음 ｜ ふっくら 부드럽게 부풀어 있는 모양

満たす 채우다, 만족시키다 ｜ 身に染みる 몸에 스미다, 사무치다

　私は幼い頃、野菜や魚が好きではなかった。しかし、母が作ってくれる食事はご飯に味噌汁、焼き魚、きんぴらごぼうや筑前煮などの彩りがないおかず…。たまに買ってくれるファーストフードやお惣菜の揚げ物が私にとってはご馳走だった。

　高校生になった私は、一年間ニュージーランドに留学した。ホームステイ先での朝食は毎日シリアルかトースト。朝食にご飯を食べて登校することが習慣になっていた私にとって、シリアルやトーストは食べた気にならず、腹持ちも悪かった。案の定、学校では昼食まで待てず、間食せずにはいられなかった。夕食によく出たポテト料理は味も良く満足感もあったが、常にどこかで日本の白米を恋しく感じていた。

　大学生になると一人暮らしを始めた。アルバイト先のイタリアンレストランでは、まかないのピザやパスタなど、高カロリーの食べ物を鱈腹食べた。課題やアルバイトに追われる日々の中で自炊をする余裕はなく、家でも冷凍食品やレトルト食品など、ろくなものを食べていなかった。そんな生活がたたり、体重も増え、肌荒れにも悩まされるようになった。

　社会人になってからは今までの食生活を反省し、できるだけ自炊をするよう努力した。バランスの良い食事を心がけてはいたが、やはり仕事をしながら毎日料理をするのは体力的に厳しかった。おかずは作り置きが基本。ご飯はまとめて炊いたものを小分けにし、冷凍保存しておいた。自炊の成果もあってか、料理の腕は上がり体重もほぼ戻り、肌荒れも改善された。

　久しぶりに帰省した。母の手料理は相変わらずシンプルだ。幼い頃に食べていたものと同じだが、熱々の具だくさんの味噌汁に出来たてのおかず。炊きたてのふっくら白米と一緒に食べる母の手料理は私の体だけでなく、心まで満たしてくれるように温かかった。母は常に家族の健康を第一に考え、栄養たっぷりの食事を毎日作ってくれていたのだ。幼い頃は好きじゃなかったおかず一つ一つが今では身に染みる。

　これからもできる限り自炊は続けていくつもりだが、今となっては母の手料理が私にとって一番のご馳走だ。

V(ない形) **+** **ずにはいられない**

*例外：する ⇒ せずにはいられない

・・

≒ どうしても～しないでいることはできない、どうしても～してしまう

- ダイエット中の妹だがケーキを見ると、食べずにはいられないようだ。

- この映画は、泣かずにはいられない程、悲しくて感動する内容だった。

- 今日はとても寒くて、暖房をつけずにはいられない日だ。

- 地下鉄のホームで重そうな荷物を持っているおばあさんを見て、助けずにはいられなかった。

- 捨てられているかわいそうな野良犬を見て、家に連れて帰らずにはいられなかった。

- 試験期間中にも関わらず、ドラマの最終回を見ずにはいられなかった。

1. 好きな芸能人が目の前に現れたので_____ずにはいられなかった。

2. _____心配せずにはいられない。

3. _____ずにはいられない。

1 幼い頃、よく食べていた物は何ですか。

2 成長と共に食生活はどう変わりましたか。

3 自炊をしたことがありますか。

4 好きじゃないが、健康のために食べている物がありますか。

5 冷凍食品、レトルト食品、インスタント食品、ファストフードを食べますか。

6 間食をしますか。

7 外国で食べた印象に残っている食べ物について話してください。

8 食べると元気が出る食べ物は何ですか。

9 あなたの家でホームパーティーをするなら、どんな食べ物を出しますか。

10 上手くいった料理、失敗した料理について話してください。

和製英語

	単語	例文
	ランドセル	小学生の頃はランドセルを背負って学校に行ったものだ。
	デマ	ある政治家の根拠のないデマが広まっている。
	サービスエリア	サービスエリアではご当地グルメが楽しめる。
	ガソリンスタンド	初めてのセルフガソリンスタンドで戸惑ってしまった。
	グリーン車	グリーン車は座席にゆとりがあって快適に過ごせる。
	バーゲンセール	バーゲンセールで掘り出し物をゲットしてきた。
	ペーパードライバー	ゴールド免許だが、ペーパードライバーだ。
	シール	手帳にシールを貼って予定を見やすくしてみた。
	ナイーブ	強そうに見えるけどあの人もナイーブなところがある。
	モーニング	近所でお洒落にモーニングを楽しめるカフェを見つけた。
	アットホーム	社員みんな仲がよくてアットホームな職場だ。

話してみましょう

① どんな和製英語を耳にしたことがありますか。

② コングリッシュを紹介してください。

③ 紛らわしい単語、韓国語と似ていて間違えてしまいがちな単語がありますか。

カタカナを使って話しましょう

1 好きな**カフェ**、**レストラン**について話してください。

例 行きつけのお店はどこですか。どんな**メニュー**を頼みますか。

ファストフード店によく行きますか。

2 海外旅行先の話をしてください。

例 どんな国に行ったことがありますか。現地の有名なものなどを紹介してください。

3 海外の有名人について話しましょう。

例 好きな俳優、歌手、**モデル**、実業家がいますか。一人紹介してください。

4 **ゲーム**について話しましょう。

例 どんな**ゲーム**をしますか。**ゲームセンター**によく行きますか。

5 理想の家の間取りについて話してください。

例 何**LDK**の家に住みたいですか。部屋の広さはどのくらいがいいですか。

6 文房具について話してください。

例 こだわりの文具がありますか。ゲン担ぎで使っているものがありますか。

7 好きなお菓子、**アイスクリーム**の味、飲み物について話してください。

例 どんな味の**アイスクリーム**が好きですか。

冷蔵庫の中にどんな飲み物が常備されていますか。

08 お金

ポイント 〜をよそに

単語 🎧 mp3

稼ぐ (돈·시간 등을) 벌다 ｜ 金銭感覚 금전 감각 ｜ ずれ 어긋남, 차이 ｜ 衝突 충돌 ｜ 倹約家 검약가

財布の紐がかたい・ゆるい 지갑 끈이 단단하다·느슨하다(몹시 검소하다·아낌없이 쓰다) ｜ 地道に 착실하게

贅沢だ 사치스럽다 ｜ 〜にまわす ~으로 돌리다 ｜ 物持ちが良い 물건을 소중히 하다, 오래도록 잘 쓰다 ｜ 浪費家 낭비가

執着する 집착하다 ｜ 歯止めが利かない 브레이크가 듣지 않다, 제동이 걸리지 않다 ｜ かさむ 많아지다, 불어나다

明細書 명세서 ｜ 請求額 청구액 ｜ 仰天する 몹시 놀라다, 기겁하다 ｜ 済む 완료되다, 끝나다 ｜ 諺 속담

疎遠だ 소원하다(거리감이 있다, 서먹서먹하다) ｜ デリケート 섬세함, 예민함 ｜ ぶち壊す 깨뜨리다, 망치다 ｜ 威力 위력

見直す 다시 보다, 재검토하다

　あなたが働く理由は何だろうか。子供の頃の夢を叶えるため、自分磨きのためなど様々な理由があると思うが、「お金」を得るために働いている人が大多数を占めているだろう。お金は生きていくうえで欠かせないものの一つとなっている。人によってお金の使い方も違えば価値観も違うし、人生の中でお金の価値観が変わった時期があった人もいるだろう。お金を稼げば稼ぐほど周囲との金銭感覚のずれも生じてくるだろうが、結婚するともなると、結婚相手とお金の価値観の違いなどで衝突が生まれることも少なくはない。

　ここである夫婦の話を紹介しよう。

　この夫婦は共働きだが、お金の使い方が全く違う。ご主人は倹約家でお金をあまり使わないタイプだ。財布の紐はかたく、地道にポイントカードでポイントを貯め、贅沢な外食は半年に一回でいいという考えだ。毎月どこにどのようにお金を使うか計画的に決めていて、残ったお金は貯金にまわす。物を買っても手入れや管理をしっかりし、物持ちが良い。一つのものを長く使って倹約しているようだ。

　一方、奥さんはというとかなりの浪費家であまりお金に執着しない。ご主人の心配をよそに貯金もしないので、口座からお金が出ていく一方だ。一応買うものは決めて買い物に行くのだが、「セール」という文字を見てしまうと歯止めが利かなくなるらしい。自分磨きのためにジムに登録したものの、飽きっぽい性格のためか長続きせず、美容への関心も高いのでコスメ代もかさむばかりだ。毎月送られてくるクレジットカードの明細書を見て、あまりの請求額に仰天してしまったこともあるくらいだ。

　友達であれば、ある程度の金銭感覚のずれは許容できるだろうが、一緒に住む家族となると話は違ってくる。これから子供が生まれたり、マイホーム購入などと大きい買い物をしたり、お金がかかることが増えてくると、お金に関する価値観の違いは意見が合わず、「仕方ない」では済まされない問題となってくるだろう。

　「金の切れ目が縁の切れ目」という諺があるように、お金が原因で周りの人との関係が悪くなり、疎遠になってしまった経験がある人も少なくはないほど、お金の話はデリケートだ。自由に使えるお金があれば何不自由なく生活できるかもしれないが、お金には人間関係をぶち壊してしまう威力がある。お金の使い方やお金に対する付き合い方を、今一度見直すべきだろう。

N ➕ をよそに

⋯⋯⋯⋯⋯⋯⋯⋯⋯⋯⋯⋯⋯⋯⋯⋯⋯⋯⋯⋯⋯⋯⋯⋯⋯⋯⋯⋯

≒ ～を無視して、～を気にしないで

- 親の心配をよそに、娘は門限を過ぎても友達と遊んでいた。

- 先生が注意をしているのをよそに、学生たちは自転車通学を続けていた。

- 周りの人の冷たい視線をよそに、彼は電車の中で楽しそうに踊っている。

- 市民の期待をよそに、市長は不祥事を繰り返していた。

- プレゼン前で緊張している藤原君をよそに、パートナーの長谷川君はゲームをしていた。

- なかなかできなくて苦戦している私をよそに、先生は一つも手伝ってくれなかった。

1. ＿＿＿＿＿＿＿＿＿＿＿よそに、太っ腹な上司はいつも部下におごっている。

2. 両親の反対をよそに、＿＿＿＿＿＿＿＿＿＿＿＿＿＿＿＿。

3. ＿＿＿＿＿＿＿＿＿よそに、＿＿＿＿＿＿＿＿＿＿＿＿＿。

1 あなたは現金派ですか。カード派ですか。

2 支払い方法は一括派ですか。分割派ですか。

3 あなたは節約をしていますか。節約方法を教えてください。

4 あなたの財布を紹介してください。(形、色、使っている期間など)
また、財布へのこだわりはありますか。

5 あなたはどんなことに一番お金をかけていますか。

6 人生の中でお金の使い方、価値観が変わった時はどんな時でしたか。

7 安いから値段を上げてもいいと思うもの、高いから値段を下げてもいいと思うものがありますか。

8 昔と比べて値段が変わったものの話をしてください。

9 お金に関するエピソードがあれば話してください。

09 時間

単語

🎧 mp3

あっという間に 눈 깜짝할 사이에, 순식간에 ｜ 驚くほど 놀랄 만큼 ｜ 実に 참으로, 정말! ｜ とある 어떤, 어느

長蛇の列 장사진(길게 줄지어 선 모습) ｜ なす 이루다 ｜ 勘弁する 용서하다 ｜ 見つめる 응시하다, 주시하다 ｜ 限界 한계

足が棒になる 다리가 뻣뻣해지다 ｜ 費やす 허비하다, 소비하다 ｜ 馬鹿らしい 어리석다, 바보 같다

もったいない 아깝다 ｜ 愛らしい 사랑스럽다 ｜ 時は金なり 시간은 돈이다 ｜ 甲斐 보람 ｜ 改めて 새삼스럽게

たかが 고작, 기껏해야 ｜ されど 그래도 ｜ 休憩 휴식 ｜ 光陰矢の如し 세월은 화살과 같다

　時間とはまさに不思議なものだ。楽しい時は時間があっという間に過ぎる。驚くほど、すぐに時間が過ぎてしまう。はたまた、退屈な時にはたった1秒がなかなか進まない。その時、その時で私たちが感じる時間の速さが違うことは実におもしろいことである。

　学生時代の話である。当時付き合っていた彼女に誘われ、とあるカフェへ向かった。そのカフェは何でもパリで修業を積んだ有名なパティシエのお店らしく、看板メニューのロールケーキ食べたさに、店の前は長蛇の列をなしていた。僕は正直、心の中で「勘弁してくれ。ケーキごときに、こんなに待つなんてあり得ない」と思っていたが、彼女が「お願い」とでも言うように、じーっと私を見つめてくるので、とりあえず列の最後尾に並んだ。

　30分ぐらい待った時、もう限界だと思った。ずっと立ちっぱなしで足は棒になっていたし、何よりこんなケーキのために時間を費やすなんて馬鹿らしいと思ったからだ。それで僕は決心した。彼女に「これ以上待つのは無理だ！時間がもったいない」と言おうと。しかし、彼女が「楽しみだね」と言いながら、なんとも愛らしい顔で僕を見てくるので、僕は何も言えずただ我慢に我慢を続けた。

　そして、また30分が経過。僕は決めた！今度こそは彼女に言おうと。「時は金なりだ。今日はこの辺にして、次の機会に来よう」と言おうとしたその時、僕らは店内へと案内された。

　彼女が「こんなおいしいロールケーキ初めて。スポンジがふわふわ」と本当に嬉しそうに、そしておいしそうに食べている姿を見て、長い時間待った甲斐があったと思った。

　その時、人によって時間の速さも価値も違うのだと改めて感じたのだった。彼女にとっては「たかが1時間」だったが、僕にとっては「されど1時間」だった。彼女にとってはこの待ち時間も含めて楽しんでいたし、そんなに長くは感じなかったようだ。

　そしてあの時「今日は、諦めて帰ろう」なんて言わなくて良かったとホッとしたのだった。

チェックポイント

V(ます形) **+** っぱなし

• •

≒ 〜したままだ

- 電気はつけっぱなしにしないで、必ず消してから外出してください。

- おもちゃが出しっぱなしだよ。遊んだ後はちゃんと片付けて。

- パソコンの前に座りっぱなしの仕事なので、足がむくんでしまう。

- 昨日の講義は休憩なしに2時間も話しっぱなしだったので、とても疲れた。

- 夏場は朝からクーラーをつけっぱなしなので、電気代がかかる。

- 子供たちが全然起きないので、目覚まし時計が鳴りっぱなしだ。

1. あの人はいつも＿＿＿＿＿＿＿＿＿＿＿＿＿＿＿＿＿＿＿っぱなしで困る。

2. ＿＿＿＿＿＿＿＿＿＿＿＿＿＿＿＿＿＿＿＿＿っぱなしにしないでください。

3. ＿＿＿＿＿＿＿＿＿＿＿＿＿＿＿＿＿＿＿＿＿＿＿っぱなしだ。

1 あなたは何をしている時、時間があっという間に過ぎますか。
　反対に、何をしている時、なかなか時間が過ぎないと感じますか。

2 あなたにとって大切な時間はどんな時ですか?

3 あなたは楽しみのためなら、どのくらい待てますか。

4 あなたにとって無駄な時間はどんな時ですか。

5 自分と他人で時間の価値が違うと思ったことがありますか。

6 あなたは時間を上手く管理できていると思いますか。その理由も話しましょう。

7 あなたは時間に厳しい方ですか。それともルーズな方ですか。

8 「光陰矢の如し」と言いますが、時間を大切にしなければならないと思ったことがあります
　か。

10 幼少期・学生時代

単語

🎧 mp3

授業の一環 수업의 일환 ｜ 振り返る 되돌아보다 ｜ 出来事 사건, 일 ｜ 一目散に 쏜살같이(돌아보지 않고 곧장 달리는 모양)

鬼ごっこ 술래잡기 ｜ 物珍しい 진기하다, 신기하다 ｜ 憧れ 동경 ｜ ねだる 조르다 ｜ 進学塾 진학 학원

得意不得意 잘하는 것과 못하는 것 ｜ 挫折 좌절 ｜ 出店 노점 ｜ 劇 연극 ｜ 力を入れる 힘을 주다

～を基にした ~를 바탕으로 한 ｜ 見事だ 훌륭하다, 멋지다 ｜ ～に輝く ~에 빛나다 ｜ 構成 구성

取り組む 임하다, 몰두하다 ｜ 色褪せる 빛이 바래다 ｜ 鮮明だ 선명하다 ｜ よみがえる 되살아나다

漏れる 새다, 누설되다

　小学校を卒業する時に、授業の一環で「自分史」を書くことになっていた。生まれてから小学校6年生になるまでの12年間を振り返って、その時までに起きた出来事や、友達・先生の紹介や、周りから受けた影響などを書くものだった。では今、幼少期や学生時代を振り返ると、どんなことが強く印象に残っているだろうか。

　私の場合はまず遊びだ。私が子供の頃はゲームが発売されたばかりの頃だった。もちろん学校が終わるとすぐ帰り、一目散に公園に集まって鬼ごっこなどもしたものだが、雨の日など室内での遊びの中心となっていたのがゲームだった。当時はゲームが物珍しく、高くて手に入れることも難しかったので、持っている友達はクラスメイトの憧れとなっていた。私も欲しいと親にねだってみたが、買ってもらえなかった。

　2つ目は習い事だ。小学生の頃は水泳をはじめ、そろばん、お絵かき教室、習字、ピアノなど毎日休む暇もなく通っていたものだ。うちの学校の近くには進学塾が集まっており、学校の授業が終わるとみんなで一緒に塾にも通っていた。習い事の数が数だけに全部続けてすることは難しかったが、自分の得意不得意が分かると同時にできなかった時の挫折も経験できたことは、私を強くしてくれたと思っている。

　3つ目は学校行事だ。小中高と様々な学校行事を経験してきたが、一番思い出に残っているのは高校3年生の時の文化祭だ。私の高校では出店がない代わりに、展示物や劇に力を入れていた。3年生は劇をすることがうちの学校の伝統だったのだが、私のクラスは有名な映画を基にした劇をし、見事最優秀賞に輝いたのだ。放課後遅くまで学校に残り、背景や効果音、セリフや構成などもすべて自分たちで考え取り組んだあの日々は、今でも消えることのない思い出だ。

　みなさんは子供の頃と聞いて思い出すものには何があるだろうか。年を取れば取るほど昔のことは思い出すきっかけもなくなり、ただ忘れていってしまうことが多い。思い出は色褪せてしまうものだが、写真や卒業アルバムなどで振り返ると当時の出来事が鮮明によみがえってくることもある。今日はみなさんの幼少期や学生時代について話し、懐かしい思い出に浸ってみよう。

N ➕ **が**   **N** ➕ **だけに**

≒ Nが特別な事情だから、NがNであるから(Nを強調する)

- 祖父は今年米寿だ。今は元気だが年が年だけに怪我をしないか心配している。

- 二次会もしたかったが、時間が時間だけに今日はお開きになった。

- 天ぷらはもともと好きだが、これは量が量だけに全部食べ切れないと思うよ。

- クイズは得意だが、相手が相手だけに今日は勝てる気がしないな。

- 欲しい車が2000万円以上する。値段が値段だけに買おうか悩んでいる。

- 会社の情報が他社に漏れてしまった。内容が内容だけに対応に追われている。

1. _____、時期が時期だけに今回は見送ることにした。

2. 状況が状況だけに、_____。

3. _____だけに、_____。

フリートーキング

1　幼稚園の頃のことを覚えていますか。

2　子供の頃に流行っていた遊びを紹介してください。

3　あなたはどんな習い事をしたことがありますか。

4　好きだった学校行事、嫌いだった学校行事がありましたか。

5　両親にさせられたこと、お願いしたけどさせてもらえなかったことはありましたか。

6　子供の頃に影響を受けた人や憧れの人がいましたか。

7　子供の頃の将来の夢は何でしたか。

8　学生時代の思い出を一つ話してください。

9　子供が習い事をすることのメリットとデメリットについて話してください。

11 健康

ポイント　　　〜(だけ)にとどまらず

単語

🎧 mp3

健康意識（けんこう いしき）건강 의식 | 高まる（たかまる）높아지다 | 〜問わず（とわず）불문하고 | 心がけ（こころがけ）마음가짐 | インスタント食品（しょくひん）인스턴트 식품

摂取する（せっしゅ）섭취하다 | 偏る（かたよる）치우치다 | きっちり 꼭, 딱(빈틈 없는 모양) | 実践する（じっせん）실천하다 | 有酸素運動（ゆうさん そ うんどう）유산소 운동

筋力（きんりょく）トレーニング 근력 트레이닝 | ストレッチ 스트레칭 | こなす 해내다 | かえって 오히려 | 継続する（けいぞく）계속하다

ケガを負う（おう）부상을 입다 | 確保（かくほ）(する) 확보(하다) | 削る（けずる）깎다, 줄이다 | 費やす（ついやす）소비하다, 허비하다

念頭に置く（ねんとう お）염두에 두다 | 落ち着く（おち つ）차분하다, 진정되다 | 努力を重ねる（どりょく かさ）노력을 거듭하다

　ある世論調査によると、現代人の健康意識が高まっているという。調査の結果を見てみると、健康を意識していると答えた人は年代問わず約8割に上っていた。つまり、年齢に関わらず、人々が健康に気を使っているのが分かる。

　では、健康になるためには何をすればいいのか。それには「食事」、「運動」、「睡眠」での心がけが必要である。

　食事においては、インスタント食品を避け、カロリーを摂取しすぎず、栄養が偏らないようにバランスの良い食事をとることが理想的である。しかし、毎日これらをきっちり守ることは容易ではない。たとえ毎日、これらを守れなくとも、できるだけ実践するようにすればいい。例えば、時間がある時は自分で料理を作るとか、外食続きで胃がもたれている時は食事の量を減らしたり、疲れやすくなったと思えば、ビタミンCが豊富な果物を食べるように心がければいいのだ。

　運動においては、有酸素運動、筋力トレーニング、ストレッチの三つの運動を行うことが理想的であるが、これも完璧にこなすことは容易ではない。また、頑張りすぎてしまうとかえって継続できなかったり、ストレスを感じたりするだけにとどまらず、ケガを負ってしまうこともあるのだ。人とは比較せず自分のペースで続けていくことが大事である。

　睡眠においては、毎日の十分な睡眠時間の確保と規則正しい生活が大切である。睡眠時間を削って勉強や仕事や趣味に時間を費やす場面も少なくないが、睡眠が非常に大事なことであることを念頭に置いてほしい。そして、質のいい睡眠のために夜はリラックスできる環境を作った方がいい。心が落ち着くと深い睡眠が取れるためだ。毎日実践できなくとも、週末にはゆっくり休んでほしいものだ。

　健康になるためにたくさんの努力を重ねている人も多いが、何かを無理に頑張るより、まずは小さなことから心がけてみてはどうだろうか。

V(普通形)
いA(普通形)
なA(〜である)　**＋**　(だけ)にとどまらず
N・Nである

- -

≒ 〜で終わらない、〜だけでなく(もっと広い範囲を対象に影響している)

- 夢や目標は頭の中で描くだけにとどまらず、実行に移さなければならない。

- この本は面白いだけにとどまらず感動的だったので、早速友達に勧めた。

- この映画は、国内で有名であるだけにとどまらず、世界中の人に見られて人気を博した作品である。

- 彼はトークが上手いのでスポーツ界だけにとどまらず、バラエティー番組でも活躍している。

- 彼女のピアノの腕前はただの趣味にとどまらず、小規模の演奏会まで開くほどだ。

- 癌は胃にとどまらず、全身にまで転移してしまった。

1. ＿＿＿＿＿＿＿＿＿は国内にとどまらず＿＿＿＿＿＿＿＿＿＿＿＿＿＿＿＿。

2. 週末にとどまらず、平日も＿＿＿＿＿＿＿＿＿＿＿＿＿＿＿＿＿＿＿＿＿。

3. この人は＿＿＿＿＿＿＿にとどまらず＿＿＿＿＿＿＿＿＿＿＿＿＿＿＿＿。

フリートーキング

1 あなたは自分自身が健康だと思いますか。また、その理由も話しましょう。

2 体の中で最近調子が悪いところがありますか。

3 食事において、心がけていることは何ですか。

4 健康のためにどんな運動をしていますか。または、していましたか。

5 十分な睡眠が取れていますか。平均睡眠時間はどのくらいですか。また、それに満足していますか。

6 あなたはいつごろから健康に気を使うようになりましたか。また、そのきっかけは何でしたか。

7 健康食品やサプリメントに興味がありますか。

8 体にいいと思う食べ物を一つ紹介してください。

12 ひとり行動

🎧 mp3

単語

ダラダラ 질질(길게 끄는 모양) ｜ 長引く 지연되다, 오래 끌다 ｜ 外回り 외근(밖에 나다니며 하는 일)

得する 득보다, 이득을 보다 ｜ 見渡す 둘러보다, 바라보다 ｜ 割と 비교적 ｜ 食事をとる 식사를 하다 ｜ かつては 예전에는

いわゆる 소위, 이른바 ｜ 幅 폭 ｜ 余る 남다 ｜ 需要 수요 ｜ 狙う 겨냥하다 ｜ 打ち出す 내세우다, 내놓다

満喫する 만끽하다 ｜ 気兼ねなく 스스럼없이 ｜ 内装 내장(내부 설비), 인테리어 ｜ 仕切り 칸막이

タッチパネル 터치 패널 ｜ 楽勝 낙승(식은 죽 먹기, 가뿐함) ｜ つわもの 강자, 용자 ｜ 嗜好 기호 ｜ 干渉 간섭

自由気ままに 자유롭게 ｜ 思う存分 마음껏, 실컷 ｜ 堪能する 만끽하다, 충분히 즐기다

　皆さんは「一人○○」ができますか。誰かと一緒だとお互いなかなか予定が合わなかったり、どうしても必要以上にダラダラと時間が長引いてしまったりしますが、一人だとそんなことはありません。自分のペースで自分が好きな時間に好きな場所に行けたり、時間短縮もできたりと何かとメリットが大きいのです。

　営業部で働いている私は取引先との約束が多く、外回りで昼食の時間が不規則になりがちで、日によっては午後3時に一人で食べることもあります。人が最も多いランチタイムが過ぎた後は、待ち時間も短いし、静かにゆっくり食べられるので得した気分になります。周囲を見渡すと一人で食事をしている人が割と多く、新入社員の頃は恥ずかしくて周りの目を気にしていましたが、いつの間にか一人で食事をとるのも気軽に行けるようになりました。以前は一人で食べている人を見かけるたびに寂しそうだと思った私でしたが、そんな私が今カウンター席で一人で食事を楽しんでいる とは驚きです。

　かつては複数名で行うことが当然だったことも、最近は一人映画や一人カラオケ、一人ご飯など、いわゆる「おひとりさま」の幅がどんどん広がっています。テーマパークではアトラクションの席が余った時に優先的に乗れるシステムがあったり、旅行会社では「おひとりさま」の需要を狙ったプランが数多く打ち出されたりしています。また、食堂やレストランでは一人席や一人専用の鍋が見られるようになり、最近では焼き肉や居酒屋まで一人で満喫できるといったお店も増えてきているようです。そういったお店では、一人で訪れても気兼ねなく食べられる内装になっており、向かいのお客さんと目が合わないようにテーブルの前に仕切りが設置されてあったり、わざわざ店員を呼ばなくても席のタッチパネルで注文したりすることもできるようになっています。

　では、みなさんはどこまで一人でできるでしょうか。あまり周りの目を気にしなくてもいいカラオケや映画鑑賞は楽勝だと感じている人もいるでしょう。中にはテーマパークや高級レストラン、家族連れやカップルなどもよく訪れるバイキングや水族館、動物園まで一人で行けてしまうというつわものまでいるそうです。

　一人で行動することは必ずしも寂しいことだとは限りません。個人の趣味や嗜好、時間やお金の価値観は人それぞれで、感じ方も異なります。時には誰にも干渉されずに、自由気ままに思う存分一人行動を堪能するのも一種の気分転換になるのです。

チェックポイント

V(普通形)
いA(普通形)
なA(普通形)
N(普通形)

 とは

≒ ～なんて(話者の驚き・信じられない気持ちを表す表現)

- まさか彼があの競争率が激しい名門大学に合格するとは。

- 人間の代わりにロボットが働くというかつて誰もが想像できなかった時代がこんなに早くやって来るとは。

- 真面目なイメージのタレントAが3年間も浮気をしていたとは。

- 誰よりも一生懸命勉強してきたため試験に合格する自信があったが、こんなに問題が難しいとは。

- 行く前は楽しいことばかりだと思っていた留学生活がこんなに大変だとは。

- 1ヶ月前から楽しみにしていた卒業旅行の日が、まさか台風だとは。

1. _____とは信じられない。

2. まさかあの優等生の彼が_____とは。

3. _____とは。

フリートーキング

1 あなたは今までどんな「一人○○」をしたことがありますか。

2 一人でしやすいこと/しにくいことは何ですか。

3 一人のメリットとデメリットについてそれぞれ話してみましょう。

4 昔はできなかったけど、今できるようになったことは何ですか。
どうしてできるようになりましたか。

5 大勢でしたことについて話してみましょう。

6 「一人○○」が増えている理由は何だと思いますか。

7 あなたはどんな時寂しいと感じますか。

☑ 一人でできること難易度5段階

レベル1	カフェ、ファストフード、買い物、映画、牛丼屋
レベル2	コンサート、スポーツ観戦、カラオケ、水族館
レベル3	国内旅行、焼肉、回転寿司、バー、居酒屋
レベル4	レジャー(遊園地、海水浴、キャンプ、スキー、ボウリング)、海外旅行
レベル5	高級フレンチ、料亭

13 ファッション

ポイント　〜からすると

🎧 mp3

単語

衣替え (철에 따라) 옷을 갈아 입음 | たんす 옷장 | ごっそり 모두, 몽땅 | お下がり 물려받은 것 | 柄 체격, 무늬

ぴったり 꼭, 딱, 꽉(알맞게 들어맞는 모양) | お言葉に甘えて 말씀을 고맙게 받아들여, 사양하지 않고, 염치 불고하고

根こそぎ 뿌리째 뽑음, 송두리째, 몽땅, 전부 | さすがに 역시 | 系統 계통 | 好む 좋아하다, 선호하다 | 原色 원색

パステルカラー 파스텔컬러 | バラバラ 제각각, 뿔뿔이(따로따로 흩어지는 모양) | ひと際 한층 더, 유달리

ちらほら 드문드문, 하나둘씩 | 身にまとう 몸에 걸치다 | こだわる 고집하다, 연연하다(심혈을 기울여 신경 쓰다)

一目瞭然 일목요연 | 着こなし 옷맵시, 옷차림 | 乗り回す 차를 몰고 돌아다니다

「最近またこういうの流行ってるんでしょ？ 今のあなたと同じサイズだから要るものあったら持ってって」

　ある日衣替えをしていたら、母がたんすから昔着ていた服をごっそり出してきました。母のお下がりと言えどもサングラスや鞄をはじめ、意外と使えるものが多かったし、柄やサイズも私にぴったりだったので、「じゃあお言葉に甘えて」と根こそぎもらっていくと、「こんな古臭いもの今の若い人達も着るの？」と母は驚いていました。流行は繰り返すと言われていますが、さすがに自分が若いころに着ていたものを娘が持っていくとは思わなかったようです。

　ファッションの好みや系統は人それぞれで、日本の中だけでもファッション雑誌に出てくる「○○系ファッション」の種類はとても多いです。派手な格好を好む人もいれば地味な格好を好む人もいるし、原色が好きな人もいればパステルカラーが好きな人もいるなど、好みもバラバラです。

　そんな中、日本の中でもひと際目立った派手な格好をしているのが関西の主婦層で、いわゆる「大阪のおばちゃん」と呼ばれる人たちです。落ち着いた服装を好む私からするとなかなか理解はできないのですが、大阪のおばちゃん達は原色を好むので濃い色の服を着ている人も多く、よくテレビのファッションチェックなどで取り上げられます。ヒョウ柄や動物の顔が描かれた服を着ている人もちらほら見かけられます。彼女らの性格は特に明るくポジティブですが、派手なファッションを身にまとうことで自然と前向きな気持ちになれるそうです。

　ファッションは国によっても違うとよく聞きます。日本人が海外旅行に行くと服装や髪形などで判断され、日本語で話しかけられることもしばしば。ブランド物にこだわったり、オーバーサイズが好きだったり、流行りに左右されたりと日本人特有のファッションの好みがあり、外国人から見ると一目瞭然なのだそうです。

　人の好みは十人十色。あなたはどんなスタイルの服が好きですか。着こなしを参考にしたり真似したり、憧れている人はいるでしょうか。またあなたの周りに個性的なファッショニスタはいるでしょうか。今日はファッションについて話してみましょう。

チェックポイント

N + からすると

⋯⋯⋯⋯⋯⋯⋯⋯⋯⋯⋯⋯⋯⋯⋯⋯⋯⋯⋯⋯⋯⋯⋯⋯⋯⋯⋯⋯⋯⋯⋯⋯⋯⋯⋯⋯⋯

≒ ～の立場で考えると、～から考えると

- スパゲッティを食べる時まで音を立てて食べるのは、イタリア人からするとありえないことらしい。

- 高級車を乗り回している藤田さんを羨む人も多いが、私からすると少し無理をしているようにも見える。

- ソウルの寒さは、南国育ちの私からすると風が痛く感じられ毎年辛い。

- 他人からすると羨ましく感じるかもしれないが、これは私には普通のことだ。

- あの歳で150㎞の球を投げられるなんて、野球経験がある私からすると怪物に見える。

- あの人はゴルフがとても上手だが、プロからするとそうでもないらしい。

1. _____、私からすると夢のようだ。

2. _____からすると、絶対に無理な話だ。

3. _____からすると_____。

フリートーキング

1. あなたはファッションへのこだわりがありますか。(色、形、生地、店など)

2. 憧れのファッション、あまり好みでないファッションはありますか。

3. あなたが子供の時に着ていた服と今の服を比べるとどんな違いがありますか。

4. 国によってどんな服の着方の違いがあると思いますか。

5. 最近の流行りのファッションについて話してください。あなたは流行に敏感ですか。

6. 他の世代のファッションが理解できなかったことがありますか。

7. 惹かれる異性のファッションは、どんなスタイルですか。

8. びっくりするような服装をしている人を見かけたことがありますか。

14 恐怖

ポイント | ～げ

🎧 mp3

単語

近道(ちかみち) 지름길 | 人通(ひとどお)りが多(おお)い・少(すく)ない 인적이 많다·드물다 | さほど 그다지, 별로 | 曲(ま)がり角(かど) 길모퉁이

目(め)に入(はい)る 보이다 | ゾッとする 오싹하다, 소름 끼치다 | うつむく 머리를 숙이다 | 胸騒(むなさわ)ぎがする (불길한 예감 등으로)
가슴이 두근거리다 | とっさに 순간적으로 | 不審者(ふしんしゃ) 수상한 사람 | へなへなと 맥없이, 풀썩

冷(ひ)や汗(あせ)をかく 식은 땀을 흘리다 | 幾度(いくど)となく 수도 없이, 몇 번이고 | 金縛(かなしば)りにあう 가위에 눌리다

危(あぶ)ない目(め)に遭(あ)う 위험한 꼴을 당하다 | 身(み)に危険(きけん)が及(およ)ぶ 신변에 위험이 닥치다 | 高所恐怖症(こうしょきょうふしょう) 고소 공포증

足(あし)がすくむ 오금을 못 펴다, 다리에 힘이 풀리다 | 九死(きゅうし)に一生(いっしょう)を得(え)る 구사일생으로 살아나다 | お化(ば)け屋敷(やしき) 귀신의 집

絶叫(ぜっきょう)マシン 절규머신(스릴 넘치는 놀이기구) | 怖(こわ)いもの見(み)たさ 무서운 것을 도리어 보고 싶은 마음(호기심 어린 마음)

　仕事帰りに暗い夜道を一人で歩いていた時のことだった。今日はもう疲れているし近道でもしようと、いつもより人通りが少ないところを歩いていたら、後ろから足を引きずりながら歩く音が聞こえた。少し怖い気もしたが、怪我をしている人が歩いているのだろうとさほど気にしていなかった。曲がり角に来た時、ふと頭上にあるカーブミラーが目に入った。映っている後ろの人を確認した時ゾッとした。鏡に映ったその人は帽子を深々とかぶり、マスクをし、全く顔が見えないようにうつむきながら歩いていたのだ。胸騒ぎがし、身の危険を感じた私はとっさに走り出した。すると後ろの人も走り出したではないか。恐怖のあまり頭が真っ白になりそこからの記憶はないが、なんとかその怪しげな不審者から逃げきり、家に着いた瞬間へなへなと全身の力が抜けてしまった…。

　というところで目が覚めた。全身に冷や汗をかいていた。今まで夢は幾度となく見てきたが、こんなにリアルで恐怖を感じたことは初めてだった。金縛りにあうことやホラー映画を見ることとはまた違う恐怖を感じた。実際に起きそうなことの方が何倍も怖い。

　恐怖を表す単語には主に「怖い」と「恐ろしい」と2つある。自分自身で危ない目に遭ったり、身に危険が及んだりした時に主観的に感じるのが「怖い」、ニュースやメディア、報道機関などで得た情報などで、客観的に恐怖を感じるときには「恐ろしい」を使う。

　ではみなさんはどんなものに「怖さ」を感じるだろうか。高所恐怖症で高いところに行くと、足がすくんでブルブル震えてしまったり、ホラー映画やグロテスクな映画が苦手な人もいる。狭いところや虫が怖かったり、ある模様が怖かったりすることもある。幼少期の頃に比べ、大人になれば少しくらいは耐性がつくものの、いくつになっても怖いものは怖いのだ。今思い出しただけでもゾッとするような、九死に一生を得たような経験も少なからずあるのではないだろうか。

　一方でそのスリルを好む人たちもいる。ホラー映画が公開されるとホラーマニアは待っていましたとばかりに映画館へと足を運ぶ。テーマパークに行けばお化け屋敷に真っ先に向かう人もいるし、ジェットコースターが好きな人たちは、絶叫マシン以外の乗り物は乗る意味がないと楽し（げ）に乗りまくっている。私も怖いもの見たさに友達について行ったこともあったが、結局途中でリタイアしたのでもう一緒に行かないことにしている。

　今日はみなさんの恐怖体験について話してみよう。

いA(～い)
なA(～だ)

＋ げ(人の気持ちを表す)

*例外：ある→ありげ/いい→よさげ/ない→なさげ

V・Nは限定的

≒ ～のようにみえる、～そうな様子だ

- 彼女はメールだと親しげに話してくれるのに、実際に会うとあまり話してくれない。

- キャプテンに抜擢された彼は、自信なさげに返事をした。

- 初めてのプレゼンテーションということもあり、彼女は不安げに資料を確認していた。

- その画家は完成した作品を広げ、満足げに見ていた。

- 上司に怒られた彼は、何か不満ありげな顔をしていた。

- 賞という賞を総なめにした彼女は自慢げに授賞式の話をしていた。

1. テストの当日、息子は＿＿＿＿＿＿＿＿＿＿＿＿＿＿＿＿げに家を出て行った。

2. ＿＿＿＿＿＿＿＿＿＿＿＿＿＿＿＿＿＿＿＿、何か言いたげだった。

3. ＿＿＿＿＿＿＿＿＿＿＿＿＿＿＿＿＿＿＿＿＿＿＿げだ。

フリートーキング

1 あなたは怖いものがありますか。

2 ホラー映画についてどう思いますか。

3 肝試しをしたことがありますか。また、お化け屋敷は好きですか。

4 知っている怪談話を紹介してください。

5 あなたは絶叫マシンが好きですか。

6 怖かったこと、恐ろしかった経験を話してください。

7 恐ろしいと思ったニュース・事件について話してください。

慣用句

 慣用句を使ってクラスメイトに質問しましょう。

	慣用句	例文
	頭にくる	彼の生意気な態度はいつもながら頭にくる。
	頭を抱える	不況で多くの経営者が頭を抱えている。
	目を通す	会議の前に資料に目を通しておいてね。
	目を丸くする	あまりの大きさに目を丸くしている。
	口が軽い/堅い	あの人は口が軽いから気を付けた方がいいよ。 内山さんは口が堅いので社内で最も信頼されている。
	口を挟む	いちいち口を挟んでくるのでイライラする。
	顔が広い	顔が広いので行く先々に友達がいる。
	首を長くする	子供たちはご飯ができるのを首を長くして待っている。

慣用句	例文
肩を落とす	思わぬ結果に選手たちは肩を落とした。
肩身が狭い	夫の実家に行くたびに肩身の狭い思いをしている。
腹を括る	バレた時は大人しく謝りに行こうと腹を括る。
腰が低い	社長なのに腰が低くて好印象だった。
腰を抜かす	金額を聞いて腰を抜かしてしまった。
手を出す	友達がマルチ商法に手を出してしまった。
手に負えない	こんな多額の借金、手に負えるわけがないだろう。
足を延ばす	徳島に来たんだから、せっかくだし足を延ばして香川まで行こうか。
足取りが重い	試合に負けて帰る足取りは重かった。

III

もし…

 もしあなただったら…?

もしあなただったらどうしますか。
クラスメイトと話し合ってみましょう。

- 歴史上の人物になって教科書に載れるとしたら…誰になってどんなことをしたいですか。

- 起きたら全く知らない場所にいた！どうしますか。

- 映画や本、ドラマの世界で生きられるなら…どんな作品の中に入りたいですか。

- 新しい技や技術を身に付けられるなら…何がいいですか。

- 一つだけ完璧にマスターできるとしたら…何を習得したいですか。

- 家が火事に！一つだけ物を持っていけるとしたら何を持って逃げますか。

- タイムマシーンがあったら…いつに行きたいですか。

- 一生同じものを食べ続けなければならなかったら…何を選びますか。

- もし「タダで行ける」と言われたらどこに行きたいですか。

- 芸能人と間違えられてサインを求められました。どうしますか。

- もしも世界一の収集家になれるとしたら…何を集めますか。

- ギネスの記録に載るとしたら…どんなことをしたいですか。

- ラジオのパーソナリティーだったら…どんな話をしたいですか。

- 47都道府県の中で一つだけ自分のものにできるとしたら…どこがいいですか。

- 新しいおにぎりを作るとしたら…具は何にしますか。

- もし〇〇なら…質問を考えてクラスメイトに質問してみましょう。

擬音語・擬態語

 様々な擬音語・擬態語

日本語には物の様子や音を言葉で表現する擬音語・擬態語があります。
使いこなせるようにクラスメイトに擬音語・擬態語を使って質問したりエピソードを話しましょう。

☑ し方、やり方を表す言葉

単語	例文
こっそり	遅刻したから、先生に見つからないようにこっそり教室に入った。
てきぱき	谷本さんは新人なのに、てきぱきと仕事をこなしている。
さっさと	後で話そうと思っていたが、彼女は授業が終わるとさっさと帰ってしまった。
ざっと	渡された資料をざっと見ておいた。
ぐずぐず	ぐずぐずしていないで、さっさと学校に行きなさい。
だらだら	だらだら過ごしていたら一日が終わってしまった。
そっと	子供が寝ていたので、そっと部屋のドアを閉めた。

☑ 物の状態

単語	例文
ボロボロ	何年も使い古した机は、もうボロボロだった。
ピカピカ	大掃除をしたから、部屋がピカピカになった。
サラサラ	あの芸能人みたいにサラサラな髪に憧れるなあ。
ねばねば	ねばねばしているものは健康に良いと言われている。
だぼだぼ	フリーサイズの服を買ったが、だぼだぼで着られなかった。
ガラガラ	週末なのに、ショッピングモールはガラガラだった。
ごちゃごちゃ	妹の部屋は物が多くてごちゃごちゃしている。
ばらばら	同じ班の人と課題のダンスを練習したが、ばらばらだった。
でこぼこ	道がでこぼこしていて、歩きにくい。

☑ その他

単語	例文
しっくり	うーん、やっぱりこの部屋にこの家具は、しっくりこないなあ。
ざっくり	旅行の計画をざっくり立てといたよ。細かいことは後で会ってから決めよう。
シーン	お笑い芸人がネタを披露したが、会場はシーンとしていた。
ぽっかり	応援していた選手が引退してしまって、心にぽっかり穴が開いたようだった。
ほのぼの	私は猫と遊ぶと、ほのぼのした気持ちになる。

15 年中行事

ポイント　〜ばかりでなく

🎧 **mp3**

単語

〜ごとに ~마다 ┃ 活かす 살리다, 활용하다 ┃ 先祖 선조, 조상 ┃ 長い年月 오랜 세월 ┃ 盛大だ 성대하다

味わう 맛보다 ┃ 賑わう 활기차다, 북적이다 ┃ 何と言っても 뭐니뭐니 해도 ┃ 商店街 상점가 ┃ 黄金色 황금빛

色鮮やかだ 선명하다 ┃ 堪能 만족함, 만끽함 ┃ 紅葉狩り 단풍 구경 ┃ 旬 제철 ┃ 織りなす 만들어내다, 구성하다

装飾 장식 ┃ 象る 본뜨다 ┃ 忘れ去る 아주 잊어버리다 ┃ 引き継ぐ 계승하다, 물려받다 ┃ 詮索する 꼬치꼬치 캐묻다

うんざりする 지긋지긋하다

　日本は季節ごとに美しい景色や自然の特徴を活かした年中行事があり、それらの行事は先祖たちによって、長い年月をかけて作り上げられた伝統文化として今でも残っています。

　春の最も盛大なイベントといえば「お花見」です。特に新入社員や大学の新入生たちの飲み会の場として、桜の木の下でお弁当を食べたりお酒を飲んだりしながら春を満喫している人々の様子が見られます。桜の花はたったの2週間という短い期間で散ってしまいますが、地域ごとに桜の名所がありそれぞれ違う美しさが味わえるので、その季節になると大勢の観光客が訪れ、花見客で賑わいます。

　夏は何と言っても「花火大会」でしょう。日本で初めて花火が見られ始めたのは、16世紀からだと言われています。商店街には花火大会のポスターが貼られ、浴衣を着て祭りに行く人が多く見られるようになりました。

　夏の暑さが過ぎ去ると、紅葉の季節「秋」がやってきます。赤や黄金色に色付いた色鮮やかな紅葉の景色が堪能できる名所が多く、10月は修学旅行や観光客で溢れかえります。ゆっくり歩きながら紅葉の写真を撮ったりきれいな風景を楽しむ「紅葉狩り」は平安時代から親しまれていたと言われています。それ ばかりでなく 、秋は「収穫の秋」とも言われ、秋ならではの旬の食材を満喫することができます。

　そして冬といえばイルミネーション。何十万、何百万個以上もの電球が織りなす装飾や光ケーブルで、看板や人物、風景などを象ったイルミネーションを一目見ようと、遠くから足を運んでくる人々も少なくはありません。また、冬に忘れてはならないのが年末年始。大晦日には年越しそばを食べて一年を締めくくり、おせち料理やお雑煮を食べて新年を迎えます。初詣で寺社を訪れたり、福袋を求めてショッピングに出向いたりと、正月ならではの過ごし方も魅力的でしょう。

　このように日本人は様々な年中行事を通して、単調な生活の中に楽しみや喜びを感じてきました。しかし忙しい日々に追われながら現代を生きる私たちの間で伝統文化がどんどん忘れ去られているような気がします。私たちの今後の課題は、古くから引き継がれてきた伝統文化を次の世代に伝えていくことなのではないでしょうか。

チェックポイント

V(普通形)
いA(普通形)
なA(〜な・〜である)
N

 ばかりでなく

⁝ 〜だけでなく、〜のうえにさらに

- 先輩の家に招待され、ご馳走になったばかりでなく、手土産までいただいてしまった。

- ドラマを見ると、聞き取りができるようになるばかりでなく、その国の文化も知ることができる。

- 物価が安いばかりでなく、治安もよくてとても住みやすいので、移住を考えている。

- うちの上司は、お節介なばかりでなく、プライベートまで詮索してくるのでうんざりしている。

- ストレスの溜めすぎは、私生活ばかりでなく、仕事にも影響を及ぼすのでよくない。

- このキャラクターは子供ばかりでなく、大人にも人気がある。

1. 彼は＿＿＿＿＿＿＿＿ばかりでなく、＿＿＿＿＿＿＿＿＿＿＿＿。

2. この店は＿＿＿＿＿＿＿ばかりでなく、＿＿＿＿＿＿＿＿＿＿＿＿。

3. ＿＿＿＿＿＿＿＿＿ばかりでなく、＿＿＿＿＿＿＿＿＿＿＿＿。

フリートーキング

1. 四季の中でいつが一番好き / 嫌いですか。

2. 韓国の季節ごとのイベントや行事について話してみましょう。

3. あなたが好きなイベントや行事は何ですか。

4. 韓国の自然や気候の特徴を生かした行事には何がありますか。

5. 外国人に紹介したい韓国の伝統文化または参加してほしい韓国の伝統行事は何ですか。

6. 外国の文化や行事で印象的だったことは何ですか。

7. 失われつつある伝統文化を今後も受け継いでいくためには、どうすればいいと思いますか。

✅ 日本の年中行事

月	行事	月	行事
1月	初詣、おせち料理、十日戎、成人の日	7月	七夕、土用
2月	節分	8月	お盆、盆踊り
3月	ひな祭り、春分	9月	十五夜、秋分
4月	花見、潮干狩り	10月	紅葉狩り
5月	端午の節句	11月	七五三
6月	夏至	12月	冬至、年越しそば、除夜の鐘

16 異文化理解

ポイント　～なり

単語　🎧 mp3

交流 교류 ｜ ますます 점점 (더) ｜ おのずと 저절로 ｜ 身近だ 자기 몸에 가깝다(신변), 일상 있는 모양이다, 친근하다,
친밀하다 ｜ 定義 정의 ｜ 地位 지위 ｜ 役割 역할 ｜ 成立する 성립하다 ｜ 泥んこ遊び 흙장난 ｜ 光景 광경

怪我する 다치다 ｜ よっぽど 상당히, 매우 ｜ 頭を悩ませる 골머리를 앓다 ｜ 飛び交う 난무하다 ｜ 遭遇する 만나다

対処 대처 ｜ 行動を取る 행동을 취하다 ｜ 押し付ける 강요하다 ｜ 神経質になる 신경질이 나다

受け止める 받아들이다 ｜ 目を向ける 관심을 돌리다

読みましょう

　グローバル化が進むにつれ、外国人と交流する機会がますます増えてきました。その影響なのか「異文化理解」という言葉を聞くと、おのずと違う文化を持った外国人との交流を考えがちです。しかしながら、「異文化」というものは私たちの身近にも数多く存在します。「異文化」は実に様々な定義を持っているのです。

　年齢をはじめ、性別や職業、社会的地位や役割、出身地が異なる場合もそれぞれ「異文化」を持った人だと言えるでしょう。そして、これらの違いによって、自分自身とは異なった価値観を持つようになります。つまり、同じ言語を使用している日本人であっても立場が違うことで「異文化」が成立するのです。

　私たちはこのような「異文化」の人と出会った場合、様々な違いに頭を抱えることがあります。親と子を例に挙げて考えてみましょう。親子で公園に行ったとします。少し前まで雨が降っていたため、砂場の砂は泥状態です。子供は泥を見るなり大興奮して、泥んこ遊びを始めてしまいました。この光景を見た親は「洋服が汚れるからやめなさい」や「はあ、洗濯が大変…」、「転んだら怪我しちゃう」などと思うのではないでしょうか。

　一方、子供は泥遊びがよっぽど楽しいのか、本当に楽しそうに遊んでいます。子供は「楽しい」や「面白い」、「このままずっと遊びたい」などと思っています。この時、親には親の、子供には子供の世界や考えがあることが分かります。それで親たちは頭を悩ませます。「子供が楽しそうに遊んでいるから、今日は思い切り遊ばせてやりたいな。でも、泥だらけの服を洗濯するのは大変だから、そろそろやめさせようかな。でも…」などと頭の中で色んな考えが飛び交うことでしょう。

　上に挙げた例だけでなく、私たちは毎日色んな異文化に遭遇し、自分なりに対処しています。その時にあなたは相手の立場に立ち、相手のことを考えた行動が取れていますか。知らぬ間に、自分の考え方を押し付けていませんか。自分と違うからといって、相手にイライラしていませんか。異文化においては、誰が正しくて誰が間違っているなどは存在しません。

　私たちが自分とは違う人に会った時に、自分との違いに神経質になっていたら、その違いは「ストレス」に変わってしまいます。でも、その違いを当たり前のことだと受け止めていったら、その違いをどのように感じるようになるでしょうか。今日は身近にある「異文化」について目を向けてみましょう。

チェックポイント

V(基本形) ➕ なり

....

≒ ～とすぐ、～するとほぼ同時に

- さっきまで晴れていたのに、私が家を出るなり雨が降り始めた。

- 息子は家に帰って来るなり、かばんを置いて家を飛び出して行った。

- 長く音信不通だった友達は、久々に私に会うなり金を貸してほしいと言った。

- 迷子になっていた子供は母親の顔を見るなり、泣き出してしまった。

- 余韻に浸ることなく、映画が終わるなり席を立つなんて信じられない。

- 乗客は電車のドアが開くなり、降りる人よりも先に電車に乗ろうとした。

1. 窓を開けるなり、_____。

2. 友達に会うなり、_____。

3. _____ なり _____。

フリートーキング

1 あなたと考え方や価値観が似ている人は誰ですか。

2 あなたはどんな人と一緒にいる時、自分とは違うと思いますか。

3 年齢や性別の違いで自分とは違うと思ったことについて話しましょう。

4 出身地や職業の違いで自分とは違うと思ったことについて話しましょう。

5 外国人と接して感じた「異文化」について話しましょう。

6 あなたは自分と考えが違う人がいた場合、あなたはどのように対処していますか。

7 様々な異文化を理解する上で、重要なことは何だと思いますか。

17 アニメ・読書

ポイント　〜がちだ

🎧 **mp3**

単語

目に留まる 눈에 띄다, 눈을 끌다 ｜ **興行収入** 흥행 수입 ｜ **ランクイン** 순위에 오름 ｜ **多岐に渡る** 다방면에 걸치다, 다양하다 ｜ **ごく** 극히, 대단히 ｜ **難解** 난해 ｜ **推理** 추리 ｜ **異次元** 이차원, 차원이 다른 세계 ｜ **冒険** 모험 **敬遠する** 경원하다, 가까이하지 않다 ｜ **決して** 결코, 절대로 ｜ **視野が広がる** 시야가 넓어지다 ｜ **雑学** 잡학 **非日常的** 비일상적(늘 있는 일이 아님) ｜ **現実逃避** 현실 도피 ｜ **進路** 진로 ｜ **身の回り** 신변의 일(가까이 두고 지니거나 쓰는 물건) ｜ **聖地巡礼** 성지 순례 ｜ **客足が遠のく** 손님의 발길이 뜸해지다 ｜ **○○離れ** ○○에서 떠난 상태, 떨어짐 **活字離れ** 활자(인쇄물)에 관심을 두지 않음 ｜ **貢献(する)** 공헌(하다) ｜ **後回し** 뒤로 미룸, 뒷전 ｜ **自己流** 자기만의 방식 **実践する** 실천하다

　ある時こんなニュースが目に留まった。全世界の映画興行収入ランキングで、他の国の1位は有名なハリウッド映画だったのに対し、日本だけ1位にアニメ映画がランクインしてきたのだ。どうしてこんなことが起こるのか。日本でアニメは、人々の生活の一部になっていると言っても過言ではない。ジャンルも多岐に渡り、ごく普通の家庭の日常を描いたものをはじめ、毎日難解な事件が起きる推理もの、仲間との友情や青春、競技にかける熱い思いが描かれているスポーツもの、異次元の世界で冒険をする少年の憧れとロマンが詰まったファンタジーものなど様々なジャンルがあるので、ここまで好まれているのではないかと思った。

　私たちはアニメとどのように関わってきただろうか。大人になると「アニメは子供が見るもの」と決めつけられ敬遠されがちになり、子供の時に比べると見なくなる人もいるが、アニメは決して子供だけのために作られたものではない。ドラマでは表現できない異次元の世界観を作り出すことができるため、視野が広がるだけでなく、特別な分野のアニメもあるため、専門知識や雑学をアニメで知ることもできるのだ。非日常的な体験ができるため現実逃避ができるのも事実だ。

　幼少期にアニメの影響で何かを始めたり進路を決めたりした人もいるだろう。実際に欧州で活躍しているサッカー選手の中にも、サッカーが主題のアニメがきっかけでサッカーを始めた選手も少なくはないそうだ。今でも自分の身の回りのものに、アニメのキャラクターが描かれているものを使っており、アニメから影響を受けたことを公言している選手もいる。

　アニメの影響を受けるのは個人だけではない。近頃では「聖地巡礼」という言葉が使われているように、アニメの背景となった場所をファンが訪れることもある。今まで知られる機会がなく、客足が遠のいていた場所も、人気アニメの舞台となったことがきっかけで、観光客が増えたというケースもよく耳にする。最近ではアニメにまつわるイベントなども行われているそうだ。またアニメの舞台になった場所だけでなく、関連グッズやアニメを基にした小説も人気だ。漫画やアニメの小説化はよくある話だが、今まで本を読む習慣がなかった子供が、アニメの小説版を読んだことがきっかけで、本を読むようになったという話もある。活字離れが進んでいる現代に、アニメが貢献していることもあるのかもしれない。

チェックポイント

V(ます形)
N + がちだ

≒ ～という悪い状態になりやすい、～することが多い

- 洗濯機を回している間に他のことをすると、回していたことを忘れがちになる。

- アクセルとブレーキを踏み間違えることは初心者にはありがちなミスだ。

- 面倒なことは後回しにしがちな性格なので、いつまでたっても終わらない。

- 自己流でダイエットをすると間違ったことを実践してしまいがちになる。

- 最近は曇りがちな天気が続いていたが、今日は絶好のピクニック日和となった。

- 娘は、子供の頃は病気がちだったが、今ではずいぶん元気になった。

1. 私は＿＿＿＿＿＿＿＿＿＿＿＿＿＿＿と思われがちだが、そんなことはない。

2. 季節の変わり目には＿＿＿＿＿＿＿＿＿＿＿＿＿＿＿＿がちだ。

3. ＿＿＿＿＿＿＿＿＿＿＿＿＿＿＿＿＿＿＿＿がちだ。

フリートーキング

1 どんなアニメが好きですか。子供の頃にどんなアニメを見ましたか。

2 好きなキャラクターは何ですか。

3 もしアニメの世界のキャラクターを現実世界に呼べるなら…どうしますか。

4 アニメの実写化について意見を話してください。

5 あなたはどんな本を読みますか。

6 最近話題になっている本について話してください。

7 あなたは本を読むとき、紙派ですか、電子書籍派ですか。

8 本についての思い出を話してください。

9 大人がアニメを見ること、漫画を読むことについてどう思いますか。

10 アニメや本から何か影響を受けたことがありますか。

11 最近気になっているサブカルチャーがありますか。

18 ルール・マナー

ポイント　　〜べきだ

単語　　　　　　　　　　　　　　　　　　　　　　　　　　　　　　　　🎧 mp3

郷に入っては郷に従え 로마에 가면 로마법을 따르라 ┃ 羽を伸ばす 날개를 펴다(기를 펴고 마음대로 행동하다)

飛び込む 뛰어들다(눈에 들어오다) ┃ 神聖 신성, 성스러움 ┃ 礼儀正しい 예의 바르다 ┃ しばしば 자주, 종종

とんだ 엄청난, 뜻하지 않은 ┃ 頭を悩ませる 골머리를 앓다 ┃ 割り込む 끼어들다 ┃ 追い掛け回す 뒤쫓아 가다

無断 무단 ┃ 校則 교칙(학교의 규칙) ┃ 丈 기장(옷의 길이) ┃ 堂々と 당당히, 버젓이 ┃ 破る 어기다, 깨다

ちらほら 드문드문, 하나둘씩 ┃ 高を括る 얕보다 ┃ 黙認 묵인 ┃ 秩序 질서 ┃ 規律 규율 ┃ 乱れる 어지러워지다

　「郷に入っては郷に従え」という言葉がありますが、海外旅行先で羽を伸ばしすぎて、現地の人に迷惑をかけている日本人観光客のニュースが飛び込んできます。迷惑行為も多種多様で、ポイ捨てから世界遺産への落書き、神聖な場所に適切な服装をして行かない上に、撮影禁止の場所で好き勝手に写真をパシャパシャ撮るという行動まで、様々なものがありました。日本人は礼儀正しくて迷惑をかけない人たちだという印象が強いおかげかそのせいか、時には迷惑をかけているのが日本人ではなくて、他のアジアの国の人たちだと思われてしまうこともしばしば。よその国の人からしてみれば、とんだ迷惑です。

　日本人が外国で迷惑をかけている一方で、海外から日本を訪れる観光客のマナーの悪さに頭を悩ませている人たちも少なくはありません。ポイ捨てをしたり、並んでいる列に割り込んだり観光地ではない民家に入ってしまったり…。ひどい例ともなると電車が通っていない踏切から線路の中に入ったり、京都の祇園では舞妓さんを追い掛け回し、無断で建物に入ってきたりなど、日本では守るべきマナーを知らずにルールを破ってしまっている観光客も多く、「観光公害」という単語があるのも事実です。

　ではなぜルールが必要なのでしょうか。赤信号を渡ってはいけないというのはみんなが知っていることですが、車が少ない通りではちょっとの信号無視ぐらいはいいんじゃないかという気にもなります。校則でスカートの丈の長さが決まってはいますが、3cmくらいは短くしてもいいんじゃないかとも思います。会社に平気で遅刻をしてきたり、仕事中に個人的な連絡をしたりと、守らなければならないルールがあるにも関わらず、堂々とルールを破っている人たちもちらほら見かけます。

　しかし、社会で共同生活をしていくうえで規則は必要不可欠となってきます。これくらいいいだろう、どうせバレやしないだろうと高を括って黙認をし続けていると、周囲への迷惑や危険に繋がることもあり、のちのち大きな問題になってしまうこともあります。秩序や規律を守らなければ、社会の環境が乱れてしまうことは目に見えていることでしょう。

チェックポイント

V(基本形) ➕ **べきだ**　　　*例外：する ⇒ するべきだ・すべきだ

≒ 〜するのが当然だ、〜しなければならない

- スポーツをするときには、アクセサリーは外すべきだ。

- 我が社の残業をすればするほどいいという考えを改めるべきだ。

- 動物を飼うなら最後まで面倒をみるべきだ。

- SNSに写真を載せるときは位置情報などに注意すべきだ。

- 夏バテ予防のためにも、小まめに水分補給すべきだ。

- 視力が下がるから、小さい子供にスマホを使わせるべきではないという親もいる。

1. 優先席では＿＿＿＿＿＿＿＿＿＿＿＿＿＿＿＿＿＿＿＿＿＿＿＿べきだ。

2. ＿＿＿＿＿＿＿＿＿＿＿＿＿＿＿＿＿＿＿＿＿＿、警察に届けるべきだ。

3. ＿＿＿＿＿＿＿＿＿＿＿＿＿＿＿＿＿＿＿＿＿＿＿＿＿べきだ。

1 家での決まりについて話してください。

2 学校、会社での規則を話してください。

3 あなたがしたり、見ているスポーツのルールを話してください。

4 ルールを守る重要性は何だと思いますか。以下のルールを守らなかったらどんなことが起こり得ると思いますか。

❶ 約束の時間を守らない。❷ 交通ルールを守らない。❸ 会社のマニュアルに従わない。

5 生活の中での暗黙のルールを教えてください。

6 自分自身で決めているルールがあれば話してください。

7 昔はあまりしなかったけど習慣化したことがありますか。

8 外国人が韓国で守らなければならないルール、守るべきマナーがありますか。

9 以下のような状況を解決するためにどんなルールを作るべきだと思いますか。

❶ 子供が四六時中ゲームをしている。

❷ 上司のアルコールハラスメントがひどい。

❸ 歩きスマホに関する事故が多い。

話してみましょう

日本の学校では理不尽な「ブラック校則」と呼ばれるものがあり、時代に合わない厳しい校則に学生たちが苦しめられています。

みなさんはどう感じますか。ブラック校則によってどんな問題が生まれると思いますか。

☑ 「ブラック校則」の例

・登校中の水分補給禁止
・日焼け止め禁止
・ポニーテールは低い位置で
・校長の銅像に挨拶をしなければならない

・マフラー、タイツなどは12月から2月までだけ
・くせ毛の人は「くせ毛届け」を提出
・カップルは一緒に帰ってはいけない

19 成功・失敗

🎧 **mp3**

単語

責める 책망하다, 나무라다 | 落ち込む 침울해지다 | 取り返しがつかない 돌이킬 수 없다 | 経つ 경과하다 | 初級 초급

バカにする 바보 취급하다 | 上達する 실력이 늘다 | 欠かす 빠뜨리다, 빼먹다 | 見事 훌륭히, 멋지게, 완벽하게

地道だ 착실하다 | 下積み 밑바닥 생활, 남의 밑에만 있고 출세를 못함 | 経る 거치다 | 集客 집객(손님을 모으는 일)

四苦八苦する 몹시 고생하다 | 売り上げ 매상(매출) | 居心地 어떤 자리에서 느끼는 기분

内装 내장(내부 설비), 인테리어 | 特典 특전, 혜택 | 軌道に乗る 궤도에 오르다(일이 순조롭게 진행되다)

窮地に立つ 궁지에 서다 | 駆使する 구사하다 | 乗り越える 뛰어넘다, 극복하다

読みましょう

　皆さんは「失敗」という言葉にどんなイメージを持っているだろうか。「能力不足で失敗」「準備不足で失敗」など、人生の中で誰でも一度は失敗した経験があるはずだ。失敗した時には自分を責めたり、成功している人を見て「なぜ自分は…」と落ち込んだり、ネガティブな気持ちになるものだ。確かに、中には取り返しがつかない大きい失敗もあるかもしれない。しかし、失敗が常にネガティブなものではない、と私は考える。

　主婦である中村さんは1年前から韓国ドラマにはまり、「字幕なしで韓国ドラマを楽しみたい」と韓国語の勉強を始めた。勉強を始めて半年が経った頃、韓国語能力試験の初級に挑戦した。しかし結果は不合格。家族には「半年勉強して初級にも合格できないなんて」とバカにされた。自分でも「なかなか単語が覚えられない」「思うように上達しない」とは感じていた。そこで韓国語の教室に通い始め、単語テストではいつも満点が取れるように勉強し、宿題も欠かさず提出した。先生にアドバイスも受けながら諦めずに勉強を続けた末に見事、合格することができた。現在は次の級に合格することを目指して地道に勉強を続けている。

　美容師である鈴木さんは10年間の下積みを経て、自分の店をオープンさせた。しかし、競争が激しい美容院業界。新規の集客に四苦八苦し、売り上げが全く伸びなかった。居心地の良い空間になるように内装も見直し、リピート客への特典もつけたが、どれも軌道に乗るきっかけにはならなかった。周囲の人たちは「来年以降続けることは厳しいだろう」と話していた。そんな窮地に立たされていた時、「SNSを利用した集客」に挑戦することにした。お客様がオーダーしたくなるヘアスタイルを研究し、写真を撮る際の角度や照明、動画編集の方法など、一から細かく学んだ。そうしてSNSを駆使した末に、新規のお客さんが多く来店してくれるようになり、店の存続危機も乗り越えられた。

　二人に共通していることは周囲に何と言われても常に目標と強い信念を持ち、挑戦し続けたことだ。

　大事なのは結果の大きさではない。新しい事に挑戦し続け、成功体験を積み重ねればきっと大きな自信に繋がるはずだ。皆さんも昨日より今日、今日より明日と一歩ずつ前に進めるよう、目標に向かって全力で取り組んでみてはどうだろうか。

V(た形)		
Nの	**+**	末に

⇒ 色々〜したけど最終的に〜

- 二人で話し合った末に、私たちは別れることにしました。

- 将来についてよく考えた末に、専攻を変えることにしました。

- たくさん悩んだ末に出した結論なので、後悔はありません。

- 転職を繰り返した末に、起業しました。

- 説得の末に、犯人は人質を解放しました。

- 猛勉強の末に、やっと試験に合格できました。

1. 色々と悩んだ末に、_____。

2. あの社員は不満が爆発した末に、_____。

3. _____末に、新商品が誕生しました。

1 どんな時に、自分を責めたり落ち込んだりしますか。

2 今まで、どんな失敗を経験しましたか。

3 失敗をどう乗り越えましたか。

4 今まで、達成して一番嬉しかったことは何ですか。

5 あなたの周りに、大きな達成をした人がいますか。

6 大きな達成をした人はどんな努力をしていましたか。

7 これから全力で取り組みたいことは何ですか。

8 今まで、一人で頑張ったこと、グループやチームで頑張ったことについて話してください。

9 地道に続けていることがありますか。

20 ショッピング

単語

mp3

金銭面(きんせんめん) 금전적인 측면 | 二の次(にのつぎ) 뒤로 돌림, 나중 문제 | ゼミ 세미나 | なんと 무려 | 全財産(ぜんざいさん) 전재산

〜とか 〜라든가, 〜라는 둥 | 追(お)われる 쫓기다 | 案(あん)の定(じょう) 아니나 다를까, 예상대로 | コツコツ(と) 꾸준히(꾸준히 노력하는 모양) | 見栄(みえ)を張(は)る 허세를 부리다 | 見(み)せびらかす 과시하다 | 耐久性(たいきゅうせい) 내구성 | 故(ゆえ)に 〜때문에

並々(なみなみ)ならぬ 보통이 아닌, 남다른 | 長持(ながも)ちする 오래가다 | 偽物(にせもの) 가짜, 위조품 | こだわり 고집, 신념

大人買(おとなが)い 어른 구매(경제적 여유가 생긴 어른이 어린이 취향의 상품을 대량으로 사들이는 것)

おねだりをする (무엇을 해달라고) 조르다

　若者たちの間で今や高級ブランド品の鞄、財布、ネックレス、靴のうち1点くらいは持っている人は多いのではないでしょうか。彼らは金銭面は二の次で、無理をしてでも手に入れようとしているのです。

　ある日、同じゼミの金子さんがとても大切にしていたお気に入りの財布をどこかで無くしてしまったと焦っていました。話を聞いてみると、その財布はなんと5万円もするブランド品で、この財布に全財産をかけたんだとか。金子さんはカードや現金など財布の中身より財布自体を失ったことに大きなショックを受けている様子でした。

　大学生にとって5万円の買い物はそう簡単なことではなく、ましてや金子さんは一人暮らしをしているため、家賃や生活費の支払いに追われながら生活しているに違いありません。さらに金子さんの両親は厳しく、彼女にブランド品を買ってあげたとは考えられません。案の定金子さんによると、その財布は入学した時からアルバイトで必死に働いてコツコツと貯めたお金でやっと手に入れたものだったそうです。せっかく一生懸命働いて買った財布なのに…無くしてしまえばそれまでです。

　さて、どうして若者たちはここまで無理をしてブランド品を欲しがるのでしょうか。

　一昔前は人に何かを自慢したり見栄を張って見せびらかすことは、よくないことだとされていました。しかし、今は外見を飾ることで自分の価値を高めることができ、それが良いことだとされ、意識が変わりつつあります。簡単に手に入れることができないブランド品を買うことで、その達成感と努力を他人に認めてもらいたいという思いが強いようです。つまりブランド品ならではの高品質や耐久性よりも、彼らにとってはむしろブランドのロゴの方が重要なのです。

　欲しいものがあったら、努力さえすれば手に入る達成感と他人からの評価を得たいが故に彼らは苦労しながらもブランド品を諦めないで買い続けているのかもしれません。単純にファッションアイテムのためではなく、そこには自身の価値を高めるための並々ならぬ努力があったのです。

チェックポイント

> **V(ば形) ✚ それまでだ**
>
> ≒ ～したら、全てが終わりだ、無駄になる

- どんなに辛くても、今ここで諦めてしまえばそれまでだ。

- いくらイケメンで人気がある芸能人だとしても、一度でも麻薬に手を出せばそれまでだ。

- 徹夜して勉強しても、試験の当日寝坊してしまえばそれまでだ。

- どんなにきれいな花でも、枯れてしまえばそれまでだ。

- 一生懸命貯金しても、死んでしまえばそれまでだ。今からでもやりたいことをしよう。

- いくら私が勧めても、君が気に入らなければそれまでだ。

1. 高い車を買っても、＿＿＿＿＿＿＿＿＿＿＿＿＿＿ばそれまでだ。

2. ダイエット中なのに＿＿＿＿＿＿＿＿＿＿＿＿＿＿ばそれまでだ。

3. ＿＿＿＿＿＿＿＿＿＿＿＿＿＿＿＿＿＿＿＿ばそれまでだ。

1 あなたは今買いたいものがありますか。

2 今まで買った物の中でよかったもの、長持ちしているものは何ですか。

3 今まで買った物の中でよくなかったもの、後悔しているものは何ですか。

4 あなたはブランド品についてどう思いますか。
   また、ブランド品の中古品や偽物についてどう思いますか。

5 買い物をする時に自分の中で決めていることやこだわりはありますか。
   (予算を決める・試着は必ずする・現金で払うなど)

6 あなたは衝動買いや、大人買いをしたことがありますか。どんな時にしましたか。

7 欲しいもののために、周りの人(親や友達、恋人など)におねだりをしたことがあります
   か。

21 変化(昔・今・未来)

ポイント　　～される、させられる

🎧 mp3

単語

世代(せだい) 세대 ┃ 噛(か)み合(あ)う (의견 등이) 서로 맞다 ┃ 思想(しそう) 사상 ┃ ～に陥(おちい)る ～에 빠지다 ┃ ～済(ず)み (이미) 끝남, ~완료

若手社員(わかてしゃいん) 젊은 사원 ┃ 何気(なにげ)なく 무심코, 별 생각 없이 ┃ はっとする 깜짝 놀라다 ┃ 衝撃的(しょうげきてき) 충격적 ┃ 持参(じさん) 지참

必死(ひっし)に 필사적으로 ┃ メモを取(と)る 메모를 하다 ┃ スマホ世代(せだい) 스마트폰 세대 ┃ 違和感(いわかん)を覚(おぼ)える 위화감을 느끼다

視野(しや) 시야 ┃ 都度(つど) 그때마다 ┃ ギャップを埋(う)める 갭(차이)을 메우다 ┃ 認識(にんしき) 인식 ┃ ～っぷり(～ぶり) 대상의 모습이나

본연의 자세 등을 가리키는 말 ┃ 設定(せってい) 설정 ┃ 境界線(きょうかいせん) 경계선 ┃ 年(とし)の差婚(さこん) 나이 차이가 많이 나는 결혼

　上司と部下、先輩と後輩、親と子供など、自分と世代が違う人と話をしていて、話が通じなかったり、こんなに噛み合わないものかと驚か されたり したことはないだろうか。生まれた世代によって、流行や価値観、思想が異なるため、ジェネレーションギャップを感じてしまうことはよくあるはずだ。「自分はこんなに年を取ってしまったのか…」と、ショックに陥ることもある。もちろん、それは私も経験済みだ。

　先日、職場の若手社員と一緒に居酒屋に行った時のことだった。店内にはある曲が流れ、それを聞いた私は「お、この曲懐かしいな。確か初めて買ったCDはこの歌手のものだったな…」と思い出に浸りながら、「で、初めて買ったCDは何だった?」と若手に何気なく聞いてみた。すると「あ、私CD買ったことないんです」という答えが返ってきて、はっとした。最近はCDを買わない人が増えていることを知っていたにも関わらず、それでも驚いてしまった。

　そういえば、今年入ったばかりの新入社員が、上司からの指示をスマホでメモしているのを見たことがあったが、この時も衝撃的だった。私が新入社員の頃は、上司に呼ばれたらメモ帳とペンを持参して必死にメモを取ったものだが、スマホ世代の若者にとっては、それは考えられない行動かもしれない。

　そしてもちろん、ギャップを感じる場面は会社だけではない。小学生の娘と一緒にテレビを見ていた時のことだった。テレビに出てきた国民的男性アイドルグループを見た娘が「このおじさん達知ってるよ!」と言ったのだ。「私がまだまだ若いと思っていたアイドルは、娘から見るとおじさんなんだな…」と、家でもショックを受け、その様子を見ていた妻に笑われてしまった。

　最初はただショックを受け、違和感を覚えていた私だったが、ジェネレーションギャップを感じる機会が増えてくるにつれ、少し考え方が変わった。生まれた世代が違うので、ギャップがあることは当たり前なことであり、むしろそのギャップを楽しむことで、自分の視野や価値観を広げていくことができるのではないかと。年の差カップルや夫婦のエピソードからも感じるが、お互いに知らないことや共感できないことがあれば、その都度そのギャップを埋めるための努力をし、楽しみながら共通の認識にしていっているように見える。ギャップがあることは、ある意味で面白いことなのかもしれない。

　今日はあなたが経験したジェネレーションギャップについて、クラスメイトに話してみよう。共感されるだろうか。それともショックを受けるだろうか…。

チェックポイント

〜される、〜させられる

・・

≒ 〜が原因で、〜のような気持ちになる

- 毎晩、隣の家から聞こえてくる夫婦ゲンカの声には、本当に悩まされている。

- 娘が突然「会わせたい人がいる」と言って、彼氏を家に連れて来た時は驚かされました。

- 彼女のわがままっぷりには、いつもあきれさせられます。

- 娘が一晩中帰ってこなかった時は、心配させられた。

- 初めてこの映画を見た時、今までにない設定にわくわくさせられた。

- 彼の行動の遅さには、いつもいらいらさせられています。

1. ＿＿＿＿＿＿＿＿＿＿＿＿＿＿＿＿＿＿＿＿＿＿＿＿＿＿＿には驚かされた。

2. ＿＿＿＿＿＿＿＿＿＿＿＿＿＿＿＿＿＿＿＿＿＿＿を見て、感動させられた。

3. ＿＿＿＿＿＿＿＿＿＿＿＿＿＿＿＿＿＿＿＿＿＿＿＿＿＿＿＿。

1 ジェネレーションギャップを感じたことがありますか。

2 おじさん、おばさんの境界線は何だと思いますか。

3 あなたが年を取ったと感じるのはどんな時ですか。

4 世代が違う者同士、お互いが知らないだろうと思われることを話してください。

5 年の差カップルや年の差婚についてどう思いますか。

6 昔に戻れるなら何がしたいですか。

7 時代の変化を感じるものや、変わったなと思うことについて自由に話しましょう。
(例：電話、服装、髪型、言葉、アイドル、技術、物価、ご近所さんとの関係…)

8 昔と今を比べて、良くなった点/悪くなった点はどんなことですか。

9 〇〇年後の自分に手紙を書くなら…どんなことを伝えたいですか。

10 未来はこれからどうなっていくでしょうか。予想してみましょう。

テーマトーク

冠婚葬祭

冠 … お宮参り、七五三、成人式、長寿のお祝い

- 成人の日は毎年1月の第(　　　　　　)月曜日。

- 現在の法律では満(　　　　　　)歳から成人とみなされる。

- 各自治体で成人式が行われ、男性はスーツや(　　　　　　)、
  女性は(　　　　　　)などの正装に身を包み成人式に参加する。

- 毎年派手な格好で酒を浴びるように飲み、暴れまくる若者が後を絶たず、問題になっている。

婚 … 結婚式

- 結婚式のスピーチなどでは使ってはいけない言葉がある。(○ ×)

- ご祝儀は偶数の方がいい。(○ ×)

- デニムなどのカジュアルな服装で参加してもいい。(○ ×)

- 遠方の結婚式に呼ばれた。交通費のことを招待側に相談してもいい。(○ ×)

- 結婚祝いには鏡や陶磁器を贈ってもいい。(○ ×)

V

葬 … 人の死に関する儀式

- お香典に新札を使った方がいい。(○ ×)

- 喪服で参列できない場合は黒以外の服装はできるだけ避けた方がいい。(○ ×)

- ご焼香のあげ方が決まっている。(○ ×)

- 葬儀に参列する際は何も持っていかなくてもいい。(○ ×)

- 宗教によって葬儀の行われ方が違う。(○ ×)

祭 … 法事、お正月、お盆を含む祖先に関する行事

元日 1月(　　　　)日　　　　お盆 8月(旧暦7月)

法事…初七日、四十九日、百か日、一周忌、三回忌など

話してみましょう

❶ 韓国とどう違いますか。違いを話してみましょう。

❷ 年齢に関する行事を経験したことがありますか。どんなものを経験してきましたか。

❸ 冠婚葬祭ですべきこと、すべきでないことについて話してください。

❹ 韓国にはどんな祝日がありますか。韓国独自の祝日がありますか。

22 ネット社会

ポイント　　〜まじき

単語　　🎧 mp3

端末 단말(기) ｜ 老若男女 남녀노소 ｜ 閲覧 열람 ｜ 配信サービス 전송(배포) 서비스 ｜ 巻き込む 말려들게 하다, 끌어넣다

後を絶たない 끊이지 않다, 완전히 없어지지 않다 ｜ 防犯 방범 ｜ 批判 비판 ｜ 身元 신원 ｜ 明かす 밝히다 ｜ 匿名 익명

識別 식별 ｜ 中傷 중상 ｜ 心に留める 마음에 두다, 잊지 않다 ｜ 刑事告発 형사 고발 ｜ 体罰 체벌 ｜ 暴言 폭언

　パソコンやケータイ、スマートフォンやタブレット端末などがますます広がるネット社会。家のパソコンだけではなく、いつでもどこでも簡単にインターネットが使えるようになり、今や老若男女問わず幅広い層に利用されるようになった。特に若者の間ではホームページの閲覧、テレビ番組の配信サービス、ソーシャルネットワーキングサービス(SNS)などの目的で利用する人が増えている。しかし、それと同時にネット上で起きる様々なトラブルが原因で、いじめや犯罪などに巻き込まれたり、自殺のニュースも後を絶たない。

　最近大半の親が、送り迎えや防犯の連絡手段のために、小学生にケータイを持たせているが、彼らにとっては仲の良い友達同士で様々なことを共有でき、グループトークでお喋りするための道具になっているようだ。仲がよければ何も問題はないが、そこである特定の人を批判したり、小学生とは思えないような悪口を言い合い、やがていじめに発展することも少なくはない。本来の目的では使われておらず、適切な方法で使いこなせていないのだ。

　残念なことに人を傷つける行為は、大人の間でも同様に起きている。自分の身元を明かさないでコメントを書き込むことができる匿名サイトが数多く存在し、誰が書き込んだコメントなのか識別ができないコミュニケーションが展開されているのだ。普段大人しく、人の目を気にしたり本音を隠したりしながら生活している人たちほど、こういったサイトでまるで別人になったかのように人の悪口を平気で載せ、日頃のストレスを発散している傾向がある。人としてあるまじき行為だ。

　このようにネットが便利になったものの、匿名を使って人を中傷している悪質なサイトが少なくないという事実を心に留めておかなければならない。最近は匿名でコメントを載せたとしても、通信記録は残るため、捜査をすれば投稿者を探し出すことができ刑事告発することもある。しかしかなりの費用がかかってしまうため、なかなかできないのが現状だ。

　ネット社会を生きる私たちに必要なことは何なのか、今後も真剣に向き合っていかなければならない課題になっていくに違いない。今日はネットの正しい使い方を考えるとともに、普段のネットの使い方を振り返ってみよう。

チェックポイント

> **V(基本形) ✚ まじき**
>
> ⋯⋯⋯⋯⋯⋯⋯⋯⋯⋯⋯⋯⋯⋯⋯⋯⋯⋯⋯⋯⋯⋯⋯⋯⋯⋯⋯
>
> ≒ 立場を考えると〜してはいけない、〜するべきではない

- 理由もなく個人の感情で体罰をするなんて、指導者としてあるまじき行為だ。

- 人種差別を行い暴言を吐くなんて、警察官としてあるまじき行為だ。

- 人の悪口は言うまじきことだ。

- 私は教師として、学生に言うまじきことを言ってしまった。

- どんな理由があっても、殺人は許すまじきことだ。

- 政治家が不適切な発言をするなんて、許すまじきことだ。

1. _____あるまじきことだ。

2. _____は、飲食店にあるまじきことだ。

3. _____まじき行為だ。

フリートーキング

1 あなたは主にどんな端末を使ってネットを利用していますか。
(例えば、パソコン、ケータイなど)

2 よく利用するサイトがありますか。どんな目的で使用しますか。

3 ネットを通じてできるようになったことや、何か役に立ったことがありますか。

4 SNSの普及により、あなたや周りに変化がありましたか。

5 韓国で起きたネット上での被害や事件について話してください。

6 ネットを利用する時、どんなことに気をつけていますか。

7 ネットやSNSで不快な思いをした経験がありますか。

23 ペット・動物

単語　　　　　　　　　　　　　　　　　　　　🎧 mp3

癒し 치유, 힐링 ｜ 空前の 공전의 ｜ 扱う 다루다, 취급하다 ｜ 良き 좋은 ｜ アンケートをとる 앙케트를 실시하다
定年退職 정년퇴직 ｜ 占める 차지하다, 자리 잡다 ｜ タヌキ 너구리 ｜ カワウソ 수달 ｜ 患者 환자 ｜ 介護 개호(간병)
触れ合う 맞닿다, 접촉하다 ｜ 〜の輪が広がる 〜의 테(고리)가 넓어지다 ｜ 金銭的 금전적 ｜ 平均寿命 평균 수명
最期を看取る 임종을 지켜보다 ｜ 覚悟 각오 ｜ 噛む 깨물다 ｜ 引っ掻く 할퀴다 ｜ 舐める 핥다 ｜ 吠える 짖다
怪我を負う 상처를 입다, 다치다 ｜ しつけ 예의범절을 가르침

　複雑でストレスが溜まりやすい現代社会において、動物は癒しになってくれます。「ネコノミクス」という言葉が生まれ、空前のペットブームが訪れたこともあり、ペットは単に動物として扱われるのではなく、人間の良き友達、家族の一員となっています。ある調査では「ペットが飼いたくなる時」というテーマでアンケートをとった際、1位は定年退職した時、2位は子供ができた時、3位は一人暮らしを始めた時という結果になり、「飼いたいペットランキング」では上位を犬、猫、魚が占めたそうです。

　飼う とまではいかなくても、最近では癒しを求めて動物がいるカフェを訪れる人も少なくはないそうです。犬カフェや猫カフェはもちろんのこと、鳥やカメレオン、タヌキやカワウソなど珍しい動物がいるところもあるそうです。

　また、医療の現場では患者の遊び相手になったり、介護の現場では動物がいることでお年寄りの方が積極的に話すようになったり、教育の現場では子供が動物に集中して落ち着くことができたりと、様々な分野で影響を与えており、アニマルセラピーと呼ばれる治癒方法もあるそうです。動物と触れ合うことで癒されたり生活が規則正しくなったり、コミュニケーションの輪が広がったりなど、多くのメリットがあります。

　様々な良い点がある一方で、デメリットもあります。きちんと世話ができない人は言うまでもないですが、毎日のエサ代、病気になった時の治療費などもかかるので金銭的にも余裕がなければなりません。そして人間よりも平均寿命が短いので最期を看取る覚悟も必要です。

　またペットを自分の子供のように可愛がっている人からすると信じられない事ですが、子供の頃に噛まれたり、引っ掻かれたり、舐められたことでトラウマになり、動物が苦手な人も多いです。公園などで散歩をしているときに犬が近寄ってきて怖かった、吠えられたなどペットを飼っていることで周りの人に迷惑をかけてしまうこともあります。実際に小さい子供が犬に飛びつかれて怪我を負ったり、リードをつけずに散歩をしていて自転車とぶつかり、自転車に乗っていた人は入院せざるを得なかったなどの事故が多数起こっています。ペットを飼う人は、自分の子供を育てるように責任を持ってしつけをしなければなりませんね。

V(普通形)
いA(普通形)
なA(〜だ)
N

＋　**とまではいかないが**

⋯⋯⋯⋯⋯⋯⋯⋯⋯⋯⋯⋯⋯⋯⋯⋯⋯⋯⋯⋯⋯⋯⋯⋯⋯⋯⋯⋯⋯⋯⋯⋯⋯⋯⋯

≒ 〜という程度までは到達しないが

- 人生が終わったとまではいかないが、試験に落ちてしまいかなりショックだった。

- 全部理解したとまではいかないが、彼が言いたいことは何となく分かった。

- 彼の行動を見て、嫌いになるとまではいかないが見る目が変わった。

- お店で売れるくらいおいしいとまではいかないが、彼女の手料理は手が込んでいた。

- 完璧とまではいかないが、何とか発表できそうだ。

- 毎日とまではいかないが、できるだけ勉強しよう。

1. ＿＿＿＿＿＿＿＿＿＿＿とまではいかないが、なかなかいい出来だと思う。

2. 個展が開けるとまではいかないが、＿＿＿＿＿＿＿＿＿＿＿＿＿＿。

3. ＿＿＿＿＿＿＿＿＿＿＿とまではいかないが＿＿＿＿＿＿＿＿＿。

フリートーキング

1 動物が好きですか。好きな動物、嫌いな動物について話してください。

2 ペットを飼ったことがありますか。もし飼えるならどんなペットを飼ってみたいですか。

3 珍しい動物・ペットを見たことがありますか。

4 ペットを飼っていて良かったこと、大変だった経験はありますか。

5 動物が人間に与える影響はどのようなものがあると思いますか。

6 ペットを飼っている人に気を付けてほしいと思うことがありますか。

7 ペットを飼う前に気を付けなければならないことは何だと思いますか。

8 動物との思い出を話してください。

9 動物に関する事件について話してください。

☑ 動物の鳴き声を考えてみましょう

1) ブーブー	2) モーモー	3) ヒヒーン	4) ウキー	5) コケコッコー
6) ガオー	7) カアカア	8) チュンチュン	9) ケロケロ	10) メエー
11) チューチュー	12) コンコン	13) ピヨピヨ	14) ホーホケキョ	15) パオーン

猿	ライオン	ねずみ	にわとり	蛙
鶯(ウグイス)	狐	カラス	馬	象(ゾウ)
牛	豚	雀(スズメ)	羊	ひよこ

24 断捨離

ポイント　　　～とは限らない

🎧 mp3

単語

断捨離 ミニマル ライフ ｜ **革命的** 혁명적 ｜ **注目を浴びる** 주목을 받다 ｜ **勘違いする** 착각하다 ｜ **誤解** 오해 ｜ **断つ** 끊다

執着 집착 ｜ **身軽だ** 홀가분하다, 가뿐하다 ｜ **詰まる** 쌓이다 ｜ **仕分け** 분류, 구분 ｜ **処分する** 처분하다

薄れる 약해지다, 점차 줄다 ｜ **ごちゃごちゃ** 너저분한 모양 ｜ **収納スペース** 수납공간 ｜ **大幅に** 대폭

束の間 잠깐 동안, 한순간 ｜ **むやみに** 함부로, 무모하게 ｜ **誤る** 실수하다 ｜ **羽目になる** 처지가 되다

まだしも 그런대로 (괜찮으나), ~면 또 모르되 ｜ **成績優秀** 성적우수 ｜ **報道** 보도 ｜ **買い替える** 새로 사서 바꾸다

ミニマリズム 미니멀리즘 ｜ **ミニマリスト** 미니멀리스트

　「断捨離」は革命的な片付け方として注目を浴び、流行語大賞にもノミネートされ今やこの言葉を知らない人がいないほど有名な言葉となった。「断捨離」と聞くと、単に不要なものを捨てることだと勘違いしている人をよく見かけるがこれは誤解である。

　「断」とは不要な買い物を断つことを意味している。そして、「捨」とは不要になったものを捨てること、「離」とはものへの執着から離れることを表している。つまり、不要なものを捨てて増やさない。そして、ものに執着をせず、身軽に生きることを目指している。

　断捨離のやり方は、まず家中にあるものを引き出すことから始まる。そしてそれを、「今、利用しているもの」「今後、利用しないもの」「今後、利用するか迷っているもの」「思い出が詰まっているもの」の四つに仕分けする。

　次に「今後、利用しないもの」は処分し、「今後、利用するか迷っているもの」が多い場合は「迷っているもの」のみ後日、再度仕分けを行う。その際、今後利用するか否かを考える。それが終われば次は不必要なものを増やさないよう努力をする。これが断捨離のやり方である。

　このような生活を続けていると自然とものへの執着が薄れていき、身軽なシンプルライフが送れるのだと言う。

　ここで私の経験談を話そう。私の場合、部屋にものが溢れかえり、ごちゃごちゃになってしまった時に「断捨離をせねば」と思い自己流の断捨離を行った。部屋がすっきりし、収納スペースも大幅に空きができ嬉しかったのも束の間…。むやみに家中のものを処分してしまい、誤って必要なものを捨ててしまったのだ。

　その結果、結局また同じものを買ってしまう羽目になった。それならまだしも、思い出のある写真を処分してしまいしばらくの間立ち直れなかった。

　断捨離の意味を履き違え、やたらとものを処分している人がいるが、ものを捨てることが良いことだとは限らない。きちんと本質を理解した上で、実践してもらいたいと思う。

チェックポイント

V(普通形)
いA(普通形)
なA(普通形)
N(普通形)
 とは限らない

≒ ほとんど～と言えるが、例外もある

(みんな/いつも/誰でも/必ずと一緒に使うことが多い)

- 新製品がよく売れるとは限らないし、旧製品が売れないとは限らない。

- 天気予報がいつも当たるとは限らない。

- 高級ブランド品が必ずしも品質が良いとは限らない。

- アイドル歌手だからと言って、みんな歌やダンスが上手だとは限らない。

- 真面目な生徒であっても、必ずしも成績優秀だとは限らない。

- ニュースに報道されていることが全て事実とは限らない。

1. お金持ちがみんな＿＿＿＿＿＿＿＿＿＿＿＿＿＿＿＿＿＿とは限らない。

2. プロだからと言って＿＿＿＿＿＿＿＿＿＿＿＿＿＿＿＿＿とは限らない。

3. ＿＿＿＿＿＿＿＿＿＿＿＿＿＿＿＿＿＿＿＿＿＿＿＿とは限らない。

フリートーキング

1　あなたの部屋にはものが多い方ですか。どんなものが多いですか。

2　あなたの部屋にあるもので、必ず必要だと思うものは何ですか。

3　あなたの部屋にあるものの中で、不必要だと思うものは何ですか。

4　捨てられないものには何がありますか。また、その理由についても話しましょう。

5　あなたの思い出が詰まっているものは何ですか。紹介してください。

6　あなたはものを長く使うタイプですか。それともすぐに買い替えるタイプですか。

7　あなたはミニマリズムやミニマリストについてどう思いますか。

8　あなたの部屋の片付け方について教えてください。

25 お酒

ポイント ～と言っても過言ではない

単語 🎧 mp3

差し支える 지장을 주다 | 理性 이성 | 江戸時代 에도 시대 | 流通 유통 | 庶民 서민 | 冠婚葬祭 관혼상제

四季折々 계절마다 | 欠かす 빠뜨리다, 거르다 | かといって 그렇다고 해서 | 強要 강요 | 酷だ 가혹하다, 심하다

嫌がらせ 상대방이 싫어하는 짓을 일부러 함, 괴롭힘 | 迷惑行為 민폐 행위 | 人権侵害 인권 침해 | 指す 가리키다

危険にさらす 위험에 노출시키다 | 調子に乗る 신이 나서 우쭐해지다 | 強制的 강제적 | 緊急搬送 긴급 호송

後を絶たない 끊이지 않다, 완전히 없어지지 않다 | 自制心 자제심 | 酩酊 명정(만취) | 若気の至り 젊은 혈기의 소치

ほろ酔い 얼근히 취함 | ほぐす 풀다 | 軽減 경감 | 親睦 친목 | 接待 접대 | 否めない 부정할 수 없다 | 捧げる 바치다

「酒は飲むとも飲まるるな」

日本に昔から伝わるお酒に関する諺だ。お酒を飲むのは差し支えないが、飲みすぎて理性を失ってはいけないという意味だ。

日本人とお酒の付き合いは古く、江戸時代に入るとお酒が大量に流通し、一般庶民も日常的に楽しむようになったそうだ。現代では会社での飲み会をはじめ、忘年会や新年会、お花見やお祭り、冠婚葬祭など特別な場面や四季折々の行事では欠かせない存在になっている。

かといって日本人全員がお酒を飲めるとは限らない。体質によってはお酒に弱く、ほとんど飲めない人もいるし、何らかの理由で飲まないようにしている人もいる。そんな人にお酒を強要することは酷なことではないだろうか。最近ではアルコール・ハラスメントの略でアルハラという言葉まで誕生した。アルハラとは飲酒に関する嫌がらせや、迷惑行為、人権侵害を指す言葉だ。

時にお酒は命を危険にさらすこともある。調子に乗ってお酒を飲みすぎたり、もしくは強制的に飲まされたりして、急性アルコール中毒になり病院に緊急搬送されるケースも後を絶たない。お酒を飲むことをやめられずアルコール依存症に陥る人もいる。一歩間違えればお酒は麻薬のような存在になると言っても過言ではないだろう。若い時は自制心がないせいで酩酊したり、我を失ったり、失敗を犯してしまったり…。これを若気の至りと言うべきか、今思えば情けないといったらない。

一方でお酒とうまく付き合えば、「酒三杯は身の薬」という諺もあるように、適量ならかえって薬以上に健康のためになるという。ほろ酔い程度の飲酒は緊張をほぐしてストレスの軽減にもつながるそうだ。また、「飲みニケーション」という造語があるように、お酒を飲みながらコミュニケーションを図り、交流や親睦を深め人間関係を円滑にするという文化も存在する。確かに初対面の人や会社の上司、取引先との接待などお酒を飲むことによって、その場の雰囲気がよくなり緊張が解ける場面も多々あることは否めない。

お酒には良い面、悪い面がある。お酒と上手に付き合っていきたいものだ。

あなたにとってお酒とはどのような存在だろうか。

V(普通形)
いA(普通形)
なA(〜だ)
Nだ

+ と言っても過言ではない

≒ 〜と言っても言い過ぎではない、〜と言ってもいい

- 私の青春は、ほとんど部活に捧げたと言っても過言ではない。

- 私はパンが好きなので、パンさえあれば生きていけると言っても過言ではない。

- 味といい、香りといい、このコーヒーは世界一おいしいと言っても過言ではない。

- 彼女は女優のようだと言っても過言ではないくらい美人だ。

- ノーベル賞を受賞した人達は、天才だと言っても過言ではないだろう。

- 地球温暖化は、大きな環境問題の一つだと言っても過言ではない。

1. ＿＿＿＿＿＿＿＿＿＿＿＿＿＿＿＿＿＿＿天使だと言っても過言ではない。

2. ＿＿＿＿＿＿＿＿＿と言っても過言ではないほど＿＿＿＿＿＿＿＿＿＿。

3. ＿＿＿＿＿＿＿＿＿＿＿＿＿＿＿＿＿と言っても過言ではない。

1 あなたはお酒が好きですか。どんなお酒が好きですか。
苦手な人はどうして苦手か理由を話しましょう。

2 お酒を飲むとどうなりますか。酒癖はありますか。
お酒が飲めない人：今までに見た他人のおもしろい酒癖を教えてください。

3 あなたがお酒を飲みたくなる時はどんな時ですか。

4 お酒での失敗談がありますか。

5 あなたの二日酔い解消方法は何ですか。

6 お酒を飲む時あなたはどんなことに気をつけていますか。

7 アルハラだと感じたエピソードはありますか。

8 お酒の良い面、悪い面について話しましょう。

🎧 mp3

単語

もたらす 초래하다, 가져다주다 | 励ます 격려하다 | 勇気付ける 용기를 북돋우다 | 盛り上げる (분위기를) 띄우다

和む 누그러지다, 차분해지다 | 場が凍る 자리의 공기가 얼다, 분위기가 싸해지다 | 当てにならない 믿을 수 없다, 불확실하다

ふたを開ける 뚜껑을 열다(실정을 확인하다) | 冗談 농담 | 穴があったら入りたい 쥐구멍이라도 들어가고 싶다

とっさに 순간적으로, 바로, 즉시 | 引きつる 굳어지다, 경련을 일으키다 | しきりに 자꾸만, 연달아 | 無言 무언, 말이 없음

元カレ 전 남자 친구 | 口は災いの元 입은 재앙의 근원 | 今更 이제 와서 | 気を害する 기분을 상하게 하다

言葉がもたらす力はとても大きく、時には言葉一つで人を励ましたり、勇気付けたりします。時には人を悲しませたり、驚かせたりすることもあります。言葉が持つ力は大きいと感じずにはいられません。さらには、言葉一つで場を盛り上げたり、和ませたり、反対に場を凍らせてしまうこともあります。

今日は私がたった一言で場を凍らせてしまったエピソードをご紹介します。ある日、会社で血液型の話をしていました。ある同僚が「血液型占いなんて当てにならないよね」と話したので、私が「そうそう、全然当てにならないよね。だって、A型は几帳面だなんて聞くけどさあ、実際ふたを開けると大雑把な人多いじゃん。部屋も汚いしさあ」と話した瞬間、その場が凍り付いてしまいました。そうなのです。上司も先輩もほとんどA型だったのです。そこで私が「冗談です」なんて言ったところでもう雰囲気は変えられないと思ったので、その日はただただ静かにしていました。穴があったら入りたいとはまさにこのことかと実感しました。

また、友達から派手なデザインのTシャツをもらった時のことです。友達が「気に入らなかったら、部屋着にしてもいいよ」と話したので「じゃあ、部屋着にするね」と、とっさに話してしまったのです…。友達の引きつった笑顔は今も忘れられません。

友達に恋愛相談をされた時、友達がしきりに「彼氏がほしいなあ。いい人いないかな」と話すので、そんな友達の力になる言葉を言ってあげたいと思い「大丈夫だよ。モテなくても、いい人に出会えるよ」なんて言ってしまったのです…。「そうだよね」と明るく返してくれた友達の心の広さを今でも尊敬しています。

最後のエピソードは彼氏との会話です。彼氏と湖に散歩に行ったとき、「前来た時より天気がいいね」と話したら彼が無言になり、そこで分かりました。あ、彼とは初めて来たんだなと。元カレと来たんだと気が付きました。

皆さんもそんなつもりはなかったのに、たった一言で誰かを不快にさせたり、場を凍らせた…なんて経験ありませんか。「口は災いの元」とはよく言いますが、みなさんの失言経験について聞かせてください。

V(た形) ＋ ところで

≒ どうせ/たとえ～ても…(意味がない、ダメだ、無駄だ)

- 試験はもう終わったことだし、今更後悔したところで後の祭りだ。

- これ以上彼と話し合ったところで、どうせ私の気持ちなんか理解してくれないだろう。

- 勉強のために息子が欲しがっている電子辞書を買ってあげたところで、すぐに使わなくなるに違いない。

- 腹を立てて興奮したところで、何も解決しないんだし、まずは落ち着いて話してほしい。

- 俺なんかが大学一かわいい彼女に告白したところで、どうせ振られるだろうけど諦めきれない。

- 国民が何かを言ったところで、政府は耳を貸さないだろう。

1. 謝ったところで_____。

2. いくら泣いたところで_____。

3. _____ ところで、_____。

フリートーキング

1. あなたの失言エピソード、言葉には気を付けなければならないと感じたエピソードを教えてください。

2. あなたが励まされた、勇気付けられた言葉について教えてください。

3. あなたが驚かされたり、気を害した言葉には何がありますか。

4. あなたが好きな言葉は何ですか。あなたの座右の銘は？

5. あなたが嫌いな言葉は何ですか。

6. あなたの口癖や、よく話す言葉は何ですか。

7. あなたが他の人に話しにくいことは何ですか。

8. 最近の若者言葉を紹介してください。

✅ 前向きになれる諺：意味を書きましょう！

1. 失敗は成功の基：

2. 思い立ったが吉日：

3. 案ずるより産むが易し：

4. 笑う門には福来たる：

5. 情けは人の為ならず：

フリートーキング

名言・格言

- 神様は私たちに成功してほしいなんて思っていません。ただ、挑戦することを望んでいるだけよ。マザー・テレサ

- 世界には、きみ以外には誰も歩むことのできない唯一の道がある。その道はどこに行き着くのか、と問うてはならない。ひたすら進め。ニーチェ

- 過去ばかり振り向いていたのではダメだ。自分がこれまで何をして、これまでに誰だったのかを受け止めた上で、それを捨てればいい。スティーブ・ジョブズ

- 名誉を失っても、もともとなかったと思えば生きていける。財産を失ってもまたつくればよい。しかし勇気を失ったら、生きている値打ちがない。ゲーテ

- 人を信じよ、しかし、その百倍も自らを信じよ。手塚治虫

- あせってはいけません。ただ、牛のように、図々しく進んで行くのが大事です。夏目漱石

話してみましょう

❶ 韓国で有名な名言・格言を紹介してください。
❷ あなたが好きな名言・格言を教えてください。

Memo

27 本音と建前

単語　🎧 mp3

使い分ける 구분해서 쓰다(행동하다) | 流暢だ 유창하다 | 一苦労 조금의 노력(고생) | 概念 개념 | しばしば 자주, 종종

用いる 사용하다 | 前向き 긍정적임 | はたまた 혹은, 또는 | 遠回し 에두름, 완곡함 | 暗黙 암묵

無地 무지(무늬가 없음) | 落ち着く 차분하다, 진정되다 | 色合い 색상 | 然り 그렇다 | もちもち (피부가) 탱탱한 모양

衝突 충돌 | 支障 지장 | 知恵 지혜 | 気が利く 눈치가 빠르다, 재치 있다 | お世辞 빈말, 겉치레

脚光を浴びる 각광을 받다

　「日本人は、本音と建前を使い分けているから疲れる…」外国人の友人たちからよく聞く言葉だ。長年日本に住み、日本語も流暢に話せる彼ら、彼女らでさえ、この文化を理解するのに一苦労しているようだ。「本音と建前」この概念は日本の文化的特徴を説明する際にしばしば用いられる。英語でも「Honne and tatemae」と表記されるほど世界的に有名な言葉になっている。

　外国人からすると「嫌なら嫌だとはっきり言ってほしい」と感じ、取引先との会議で「考えておきます」という発言は前向きな発言なのか、はたまた遠回しの断り方なのか、と本当に混乱してしまうだろう。その気持ちも十分に理解できるが、日本人にとってはっきりと表現しないのは相手に不快感を与えないための配慮のある表現であり、日本の会社で働く上での暗黙のルールだと思う。

　知り合いの外国人の友人からこんなエピソードを聞いたことがある。彼が日本企業で働いていた時、上司が彼を見るや否や「派手なネクタイだね」と言ったのだそうだ。その時は何も感じなかったが、後で彼なりに考えてみるとそれは「派手すぎる」という本音が隠れていたのかもしれないと思い、その時から無地の落ち着いた色合いのネクタイを締めるようにしたという。これは日本人も然り分かりにくい本音の一つであろう。

　日本人が日常的に感じる建前の例として、服屋で「とてもお似合いですね」「モデルさんみたいです」や化粧品屋で「お若いですね」「赤ちゃんのようなもちもちなお肌ですね」などなど。建前だと分かっていながらも気分がよくなり、ついつい乗せられて買ってしまった経験も少なくない。

　しかしこうした建前は必ずしも悪いものではなく衝突を避け、その場を支障なく済ませる日本人の知恵の一つではないだろうか。本音と建前をうまく使い分けたり、気の利いたお世辞を言ったりすることができると、よりよい人間関係が築けるであろう。これも現代社会をうまく生き抜くための一つのテクニックになりうるだろう。

　あなたは「本音と建前」をどのように使い分けているだろうか。あなたなりの「本音と建前」についての意見を共有してみよう。

V(ます形)
いA(基本形)
なA(〜だ・〜であり)
N・Nであり

 ながら(も)

≒ 〜けれども、〜のに

- 彼女は今日からダイエットすると宣言しながらも、言ったそばからケーキを食べている。

- 親と喧嘩し自分が悪いと分かっていながらも、プライドが邪魔をして謝ることができない。

- 日本に来たばかりの時は右も左も分からないながらも、生活に必死に慣れようとしていた。

- あの子役はドラマで脚光を浴び、幼いながらも非常に高い演技力で評価された。

- アルバイトの面接に行ったが、残念ながら不採用だった。

- 佐藤さんは社長でお金持ちでありながらも、質素な生活をしている。

1. あの子は子供ながらも＿＿＿＿＿＿＿＿＿＿＿＿＿＿＿＿＿＿＿＿。

2. 彼はお金がないと言いながらも＿＿＿＿＿＿＿＿＿＿＿＿＿＿＿＿。

3. ＿＿＿＿＿＿＿＿＿＿＿＿＿＿ながらも、＿＿＿＿＿＿＿＿＿＿＿＿＿。

1 日本人の本音と建前を感じたエピソードはありますか。

2 本音と建前に困ったことがありますか。

3 あなたは本音と建前を使い分けていると思いますか。例えばどんな時ですか。

4 他の人の話を聞きながら「これは建前だ」と思ったことについて話してください。

5 本音と建前は必要だと思いますか。

6 こんな時、あなたはどう言いますか。

   ❶ あまり乗り気にならない飲み会に誘われた時

   ❷ 友達の歯に何か挟まっていた時

   ❸ あまり仲良くない人に遊びに誘われた時

   ❹ 一緒に遊んでいて帰りたいのに相手が帰りそうにない時

   ❺ 友達の恋人を紹介されたが性格がよくない人だった時

7 嘘は絶対にいけないと思いますか。それとも、必要な嘘もあると思いますか。

8 あなたが誰かにつかれた嘘の中で印象に残っているものがありますか。

28 トラブル・事故

ポイント　〜ものなら

単語

立て続け 계속, 연이어 ｜ 詐欺 사기 ｜ 盗難 도난 ｜ 身近だ 자기 몸에 가깝다(신변), 일상 있는 모양이다, 친근하다, 친밀하다

挙げる (예로서) 들다 ｜ 豪邸 대저택 ｜ 隣近所 이웃, 근처 ｜ 良好 양호 ｜ いざという時 만일의 경우, 유사시

争う 다투다, 경쟁하다 ｜ においが漂う 냄새가 풍기다 ｜ 風通し 환기, 통풍 ｜ 迷惑する 폐를 입다, 난처하다

まだしも 그런대로 (괜찮으나), ~면 또 모르되 ｜ 勘弁してくれ '좀 봐줘', '적당히 해'와 같은 의미로 쓰는 회화 표현

頭を痛める 골치를 앓다 ｜ しばる 묶다 ｜ 漁る (먹이 등을) 찾아다니다, (쓰레기를) 뒤지다 ｜ 散らばる 흩어지다

参る 여기에서는 '질린다, 난처하다'의 의미로 사용됨 ｜ 事を荒立てる 일을 복잡하게(시끄럽게) 만들다

オブラートに包む (자극적인 말을 피하여) 완곡하게 말하다 ｜ 聞く耳を持たない 들으려 하지 않다

　トラブルのない生活ができるものならしてみたいものだ。それくらい日々の日常生活では立て続けにトラブルが起こることがある。人間関係や事故、詐欺や盗難などいろいろなトラブルがあるが、身近なものでいえばやはり、近所迷惑が挙げられるのではないだろうか。

　門から家まで車で行かなければならないような豪邸や山に囲まれた家に住まない限り、隣近所との付き合いは避けられないものだ。関係が良好であれば「遠い親戚より近くの他人」というように、いざという時に助けてもらえることもあるかもしれないが、最近では無駄なトラブルを避けるために、ご近所付き合いもしないという人がほとんどだそうだ。思えば昔はお隣さんが引っ越しして来たら挨拶に来ていたものだが、この頃はそのようなことがなくなってきている気がする。

　近所迷惑の中でも1位2位を争うのが騒音とごみ問題だ。あるマンションに住んでいるAさんのお隣さんは、毎週末自宅のベランダでBBQをしているという。肉を焼くにおいが漂ってくるだけでなく、洗濯物にもにおいがついてしまい、窓を閉め切らなければならないそうだ。せっかく風通しがいい家に住んでいるのに、窓を閉めなければならないため、エアコンなどの電気代がかかり迷惑しているという。生活音だけならまだしも、外で、しかも週末に、お酒を飲んで酔っ払い大声で騒ぐお隣さんに対して、❶勘弁してくれと思っているそうだ。

　Bさんは隣人のゴミの出し方に頭を痛めている。生ごみを捨てる際にゴミ袋の口をきちんとしばって捨てていない上、ゴミ収集日の前日に出すのでカラスや猫がゴミを漁りに来るのだ。ゴミがあちこちに散らばり、収集しに来る業者の人も❷参っているという。

　できるだけ事は荒立てたくないからオブラートに包んで話しても、厄介なことに相手は聞く耳を持ってくれないことが多い。最低限のルールも守れない人が一人でもいようものなら、共同スペースを使っている人たちに迷惑がかかるので大変だ。警察のお世話になる前に何とか解決したいものだ。

チェックポイント

V(意志形) + ものなら

≒ もし〜たら大変なことになる

- 契約書に誤字脱字があろうものなら、我が社の信用問題に関わってくる。

- あと30分遅く運ばれようものなら、致命傷になっていたかもしれない。

- 少しでも強い風が吹こうものなら、火が消えてしまいかねない。

- 今度の試験で赤点を取ろうものなら、留年が決まってしまうかもしれない。

- 少しでも動こうものなら今まで作ってきたものが、全部崩れてしまう。

- 最近の若者は少し叱ろうものなら、すぐ仕事を辞めてしまう。

1. _____ものなら大変だ。

2. こんな天気の日に遊びに行こうものなら_____。

3. _____ ものなら_____。

フリートーキング

1 最近起きたトラブルを話してください。

2 今まで経験した近所迷惑を話してください。

3 こんな時…あなたならどのように解決しますか。

❶ 勉強したいのに隣の部屋でパーティーをしている。

❷ 隣に住んでいる人が毎日夜中に洗濯機を使う。

❸ 試験の前日で早く寝たいのに上に住んでいる人の足音がうるさい。

4 苦情を言う時どんなことに気を付けなければならないと思いますか。

5 交通事故に遭ったことがありますか。その時の状況を説明してください。

6 盗難や詐欺にあったことがありますか。

7 警察沙汰になった事件などを経験したことがありますか。

8 ❶<u>勘弁してくれ</u>と思った出来事、❷<u>参ってしまった</u>ことについて話してください。

テーマ トーク ｜ 俗語

俗語：広い範囲でよく使われている言葉。

- **ドタキャン**
  - 「土壇場キャンセル」。土壇場とは「最後の場面」という意味で、約束の日や数時間前や直前に約束をキャンセルすること。

- **脱サラ**
  - 「脱サラリーマン」。サラリーマンを辞めて、自分の仕事を始めること。

- **〇活**
  - 「〇活動」。例えば、就活、婚活、妊活、終活など。

- **チンする、レンチン**
  - 電子レンジで温めること。「チン」とは電子レンジで調理が完了した時に知らせる音。

- **神対応**
  - 神様のような対応。驚くほど優れた対応。

- **ネタバレ**
  - 「ネタ」は種の倒語、「バレ」はバレる。小説、映画、漫画、ゲームなどの内容のうちの、仕掛けや結末といった重要な部分を暴露してしまうこと。

- **チクる**
  - 人の秘密を本人に気付かれないように第3者に告げること。告げ口すること。

- **ぼったくる**
  - 不当に、多額の利益をむさぼること。

- **親バカ**
  - 自分の子供を異様なほど非常にかわいがっている親の様子。

VI

1 デートや仕事など、予定の直前になってドタキャンされたことがありますか。
また、ドタキャンしてしまったことはありますか。

2 脱サラで失敗した人、成功した人を見たことがありますか。

3 あなたが知っている「○活」について話してください。
また、あなたは今までどんな「○活」をしたことがありますか。

4 電子レンジで「チンする」だけで簡単に作れる立派な料理を紹介してください。

5 あなたが受けた感動した「神対応」のエピソードを教えてください。

6 映画やドラマ、小説などのネタバレを気にする方ですか。それともネタバレを先に確認
してから作品を楽しむ方ですか。

7 あなたは学生時代クラスメイトや先生に学校のことで、または親に家族のことでこっそ
りチクったことがありますか。

8 旅行中やお店でぼったくられたことがありますか。いつ、どこで、どれくらいぼったくら
れたのか具体的に話しましょう。

9 あなたが知っている親バカエピソードについて紹介してください。
また、親バカのメリット、デメリットを考えてみましょう。

テーマ トーク　ロールプレイ

 会話でよく使われる表現

クラスメイトとA役、B役を決め、シナリオを作ってロールプレイをしましょう。
会話中に必ず❶～❻の表現を使ってください。

表現	ロールプレイ
❶「お大事に」 ・「病気が早く治りますように。」「病気が悪化しませんように。」という意味。友達や家族には「お大事に」、目上の人には「お大事になさってください。」 　例 A(学生) 今日は具合が悪いので早退させていただきます。すみません。 　　　B(先生) はい、分かりました。では、お大事に。	A 病状を説明する。 B 医者や学校の保健室の先生。Aさんに病状を訪ねた後で帰宅させる。
❷「だまされたと思って～」 ・自分がすごくいいと思うものを相手に勧める時の表現。相手があまりいい印象を持っていないものを勧める時「絶対に～だから、～してみてください」という意味。 　例 A 牛タンって牛の舌でしょ…? 　　　B すごくおいしいよ! だまされたと思って一度食べてみて!	B お気に入りの食べ物、場所、商品などをAさんに紹介して勧める。 A あまりいい印象を持っていないため、どうしようか悩んでいる。
❸「ご無沙汰しております」 ・「沙汰」は「知らせ」を表し「ご無沙汰」は「知らせがない」という意味で、長い間相手と連絡を取らない状態が続いて申し訳ない気持ちを表す。日常会話やビジネスメールでもよく使われる表現。「お久しぶりです」より相手にもっと敬意を表す。 　例 (メールで) 　　A(部下) しばらくご無沙汰しておりますが、いかがお過ごしですか。	A 3年前に退職した上司に久しぶりに連絡をする。 B(元上司) その後どのように過ごしたのか、また近況について話す。

表現	ロールプレイ
❹ 「いい加減にしてください」 ・度を過ぎている行動や態度に対して、「もう適度にして、それ以上はやめて欲しい」という意味。 　例 A(息子) 学校なんて行きたくないよ。 　　 B(母)　 ふざけるのもいい加減にして、早く学校に行きなさい。	A 飲食店の呼び込みスタッフで、しつこく客(B)を誘う。 B 何度も断っても諦めないAに、「やめてほしい」と強く話す。
❺ 「ここだけの話だけど…」 ・今、ここだけで話すという意味で、他の人に話さないで欲しい話。親友や信頼のできる人との間でする内緒話のこと。 　例 A ここだけの話なんだけど… (中略)らしいよ。 　　 B え～嘘！信じられない。	A ある秘密を話した後で、Bさんに秘密にしてほしいと頼む。 B Aさんの話を聞きながら、うなずいたり、リアクションを取る。
❻ 「つまらないものですが…」 ・本当につまらないものという意味ではなく、謙遜した気持ちで相手にプレゼントを渡す時に言う表現。 　例 A(学生) 今までお世話になりました。これはつまらないものですが、感謝の気持ちです。どうぞ。 　　 B(先生) こんなに気を遣わなくてもいいのに。ありがとう。	A いつもお世話になっているBさんに旅行先のお土産を渡す。 B Aさんにプレゼントをもらい感謝の気持ちを表す。

29 怪我

ポイント　　　〜にも〜ない

単語

顔をしかめる 얼굴을 찡그리다 ｜ 痛々しい 애처롭다, 딱하다 ｜ かくいう 이렇게 말하는 ｜ 気を取られる 정신이 팔리다

〜ごと 〜째, 〜와 함께 ｜ ひっくり返る 뒤집히다 ｜ 右利き 오른손잡이 ｜ 支障をきたす 지장을 초래하다

捻挫 염좌(발목을 삠) ｜ 松葉杖 목발 ｜ こぶ 혹 ｜ 経験を踏まえる 경험을 근거로 하다, 경험에 입각하다

あざ 멍, 피부의 반점 ｜ 好き好む (특별히) 좋아하다 ｜ ありとあらゆる 온갖, 모든 (あらゆる의 힘줌말)

身に染みる 사무치다(절실히 〜하다), 뼈저리게 느끼다 ｜ 一理ある 일리(가) 있다 ｜ 押しが強い 억지가 세다

　ある時ネット上で「#したことがあるすごい怪我」というものを見かけた。少し気になって見てみると、読んでいるだけでも思わず顔をしかめてしまうような、痛々しい怪我のエピソードの数々が載っていた。

　かくいう私も体の左半身は怪我の跡だらけだ。小学生の頃、自転車を漕いでいた時におもちゃの看板に気を取られ、段差に気付かず自転車ごとひっくり返って左腕を骨折。右利きだからよかったものの、何週間にもわたるギプス生活は日常生活に支障をきたし、かなりキツかった。腕だけではない。運動中高く跳んだ際に、着地に失敗し左足を捻挫。松葉杖をつく生活を余儀なくされた。また公園の遊具で遊んでいた時、友達のブランコを後ろから押していたのだが、前に行って後ろに戻ってきたブランコに頭を強打。大きいこぶができてしまった。大人になれば今までの経験を踏まえて怪我はしなくなると思いきや、紙で指は切るし、いつできたのか分からないあざはあるしで、好き好んでしているわけではないのだが、小さい怪我から大きい怪我まで、ありとあらゆる怪我をしてきたのだ。

　怪我をすると自由が奪われ動こうにも自分の意志ではなかなか動けない。思い通りに身体が動かせないのはかなりもどかしかった。しかし怪我をして学んだこともある。もともとせっかちで、1分たりとも無駄にしたくないという考えを持っていたが、怪我をしたことによってそうもいかなくなった。当たり前にできていたことがスムーズにできなくなったり、いつもの倍時間がかかることで時間に余裕を持つことができた。また、普段通り動けなくなったことで周囲の優しさを改めて痛感したり、機械の新たな便利さに気付いたりしたこともあった。大人になってからというもの「❶体が資本」という言葉の意味を身に染みて感じる。勉強、スポーツ、仕事、いくら一生懸命しても、体を壊してしまったり、大怪我をしてしまっては元も子もない。怪我は予想外の場面で負ってしまうこともあるが、体づくりをしっかりして、できるだけ予防をしていきたいものだ。

V(意志形) ➕ にも ➕ V(ない形)

··

≒ 〜したいが、できない

- 大事な電話がくることになっているので、出かけようにも出かけられません。

- 彼の意見も一理あるので、反対しようにもできない。

- 林さんに聞きたいことがあるけど、連絡先を知らないので聞こうにも聞けない。

- 押しが強いセールストークに、断ろうにも断れなかった。

- 終電を逃してしまったので、帰ろうにも帰れなかった。

- 気に入った鞄が高すぎて、買おうにも買えなかった。

1. 怪我をしてしまったので＿＿＿＿＿＿＿＿＿＿＿＿＿＿＿＿＿＿＿＿＿。

2. ＿＿＿＿＿＿＿＿＿＿＿＿＿＿＿＿＿＿＿＿、見ようにも見られなかった。

3. ＿＿＿＿＿＿＿＿＿＿＿にも、＿＿＿＿＿＿＿＿＿＿＿＿＿＿＿。

1 ケガをした経験がありますか。

2 病気やケガで通院したり入院した経験はありますか。

3 手術をした経験はありますか。

4 持病がありますか。(鼻炎、貧血、アトピー、痛風など)

5 今思うと危なかった…九死に一生を得た経験はありますか。

6 普段の日常生活の中で危ない!と思ったことや場所はありますか。

7 周りの人の優しさを感じたり、親切にしてもらった経験を話してください。

8 ❶体が資本と感じたエピソードがあれば話してください。

☑ **身体の部位に関する単語**

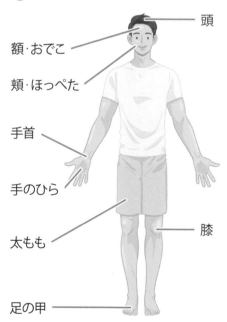

頭
額・おでこ
頬・ほっぺた
手首
手のひら
太もも
膝
足の甲

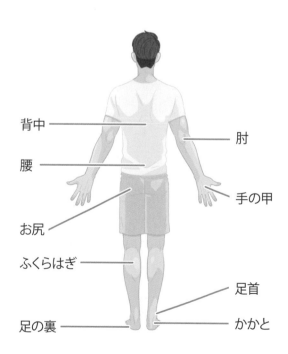

背中
腰
お尻
ふくらはぎ
足の裏
肘
手の甲
足首
かかと

30 住まい

単語

🎧 mp3

一軒家 단독 주택 ｜ アパート 다세대 주택 ｜ マンション 아파트 ｜ 団地 단지 ｜ 寮 기숙사 ｜ 家賃 집세

間取り 방 배치(구조) ｜ セキュリティー 보안 ｜ 日当たり 양지, 햇볕이 듦 ｜ きりがない 끝이 없다 ｜ 大手 대형

重視 중시 ｜ 最寄り駅 가장 가까운 역 ｜ 敷金 보증금 ｜ 礼金 사례금 ｜ 便宜上 편의상 ｜ 借主 임차인 ｜ 損傷 손상

修繕 수선, 수리 ｜ 充てる 충당하다, 돌리다 ｜ 預ける 맡기다 ｜ 捉える 파악하다, 받아들이다 ｜ 退去 퇴거

賃貸物件 임대 물건 ｜ 契約 계약 ｜ 文字通り 문자 그대로 ｜ 制度 제도 ｜ 暮らしぶり 생활상

見舞う (반갑지 않은 것이) 닥쳐 오다, 덮치다 ｜ 一眼レフ 1안 리플렉스 (카메라)

140　すくすく 日本語 会話 4

　あなたはどんな家に住んでいますか。一軒家、アパート、マンション、団地など。また、誰と住んでいますか。家族と住んでいる人、一人暮らしの人、寮に住んでいる人、様々なタイプの住まいの形があるでしょう。

　では、あなたが部屋を選ぶ時、どんな条件で探しますか。家賃、間取り、交通の便がいいところ、トイレとお風呂が別々のところ、会社までの距離、セキュリティーがしっかりしているところ、日当たりの良さなど例を挙げればきりがありません。ある大手不動産会社の調査によると日本人が家を探すときに重視する条件の一位は家賃・価格、二位は間取り、三位は最寄り駅からの徒歩分数だったそうです。

　日本にワーキングホリデーに行った韓国人の友人が日本で家を借りる際、韓国とは違う点があり、戸惑ったそうです。それが敷金、礼金です。日本では家を借りる時、敷金・礼金というものを払います。(もちろんないところもありますが、便宜上ここでは述べません。)敷金とは、借主が部屋を汚したり、損傷させたりした場合に、修繕費用として充てるために事前に預けるお金のことです。韓国でいう保証金に似たものだと捉えてよいでしょう。余ったお金は退去時に戻ってきます。賃貸物件の多くは契約時に敷金の支払いが必要となります。家賃一ヶ月分が大抵です。礼金とは、文字通り大家さんに対してお礼の意味として払うお金です。敷金と違い退去時に戻ってこないのが特徴です。礼金も家賃一ヶ月分が大抵です。チョンセ制度が韓国ならではの制度であるように、敷金、礼金もまた、日本ならではの制度であるでしょう。

　他にも日本と韓国の住まいの違いについて、韓国ドラマや韓国映画を見て日本人が驚くことは、半地下の家や屋根裏部屋、コシウォンと呼ばれる受験生が勉強するために作られた宿泊施設など、といった住まいの形があることです。特に半地下の家は2020年にアカデミー賞を受賞した韓国映画に出てきて、実際に住んでいる方にインタビューをしてその暮らしぶりが報道されるなど話題になりました。日本はご存じの通り地震大国ですし、湿気も多く、長い梅雨や夏の豪雨に見舞われるため、地下の家は日本の気候には適しておらず、デメリットも多いため、他の国に比べまだ非常に少ない傾向があります。そんな日本人からすれば、中はどんな作りになっているのかとても気になります。

　あなたは日本の住まいについて気になったことはありますか。

N ➕ ならではの

⇒ 〜だけが持っているすばらしい、特有の、〜でなければできない

- 梅干は日本ならではの食べ物だ。

- 田中さんの絵は、彼女ならではの独特な表現方法がある。

- 日本ならではの雰囲気を味わいたいなら、ホテルよりも旅館に泊まることを勧めます。

- 旅行中は、その国ならではの食べ物や雰囲気を楽しみたいものだ。

- 一眼レフが流行っているが、私は古いカメラならではの味わいある写真の方が好きだ。

- このレストランは、ここでしか味わえないシェフならではのメニューが人気だ。

1. 夏ならではの＿＿＿＿＿＿＿＿＿＿＿＿＿＿＿＿＿＿＿＿＿＿＿。

2. 韓国ならではの＿＿＿＿＿＿＿＿＿＿＿＿＿＿＿＿＿＿＿＿＿。

3. ＿＿＿＿＿＿＿＿＿＿＿＿ならではの＿＿＿＿＿＿＿＿＿＿＿＿。

1　あなたの家の気に入っているところ、気に入らないところはどこですか。

2　理想の家はどんな家ですか。

3　あなたが家探しをするとき、一番重視する条件は何ですか。

4　韓国の家の特徴は何ですか。

5　日本の住まいについて気になったことはありますか。

6　引っ越しのエピソードを話してください。

7　ご近所さんとの交流はありますか。

8　より快適な部屋にするために、工夫していることはありますか。

9　家で何をしている時が一番リラックスできますか。

31 감정 (感情)

ポイント　〜兼ねない

単語　🎧 mp3

後悔先に立たず 후회막급이다(나중에 후회해봤자 소용없다) | 抑える 진압하다, 잡다, (억)누르다 | 左右する 좌우하다

先走る 앞서다, 주제넘게 나서다 | 焦る 초조해하다, 조급하게 굴다 | 躊躇する 주저하다 | 悔やまれる 후회되다

責める 책망하다, 나무라다 | 引きずる 질질 끌다 | 自己嫌悪に陥る 자기혐오에 빠지다

笑う門には福来る 웃으면 복이 온다 | ツボ 포인트, 웃음코드 | 腹の底から 마음껏, 실컷 | ゲラゲラ 껄껄

救う 구제하다 | ふさぎ込む 울적해지다 | 繋げる 잇다, 연결하다 | 奪う 빼앗다

「後悔先に立たず」。まさにこの言葉通りのことを経験したことがある。

あれは高校3年生の夏だった。9回裏、2アウト。5-2で私たちのチームがリードしている。満塁だがあと一人抑えれば甲子園に行ける試合だった。次に投げる球が結果を左右し兼ねない。何としてでも勝って夢の舞台に立ちたい。今思えば、その思いが先走って焦ってしまったのかもしれない。得意のストレートは投げず、安全策でカーブを投げた。気が付けば満塁逆転ホームランを打たれ、グラウンドの真ん中で力が抜けて座り込んでしまっていた。あの時、落ち着いて投げていれば。カーブじゃなくてストレートを投げていれば。躊躇してしまったことが悔やまれるが、試合が終わってしまっては後の祭り。チームメイトは「よくやった。お前のせいじゃない」と優しく声をかけてくれたが、自分を責めずにはいられなかった。

しばらくその試合を引きずり、野球には一切触れなかった。もともと野球が好きだったが、やろうと思っても、また失敗してしまうのではないかと自己嫌悪に陥ってしまっていた。あの試合のトラウマで、再びボールを握ろうとはとてもじゃないが思えなかったのだ。

そんなある日、テレビを見ていたら、あるお笑い芸人のコントライブが映っていた。はじめはただぼーっと見ていただけだったのだが、気が付けば大笑いしていた。「笑う門には福来る」とはよく言われているが、全くその通りだと思った。何がツボにはまってそんなに笑ったのか今は思い出せないが、腹の底からゲラゲラ笑えたあの時、私は間違いなく救われたのだ。

お笑いに出会ってからというもの、私は人が変わったかのように、よく笑うようになった。知人や友人からも、「以前はふさぎ込んでいて、何を考えているか分からなかったが、最近は表情も豊かになり、よく話すようになった」と言われた。今考えれば、あの高校3年生の夏の経験は人生の中で一番辛い出来事だったが、あの時、挫折を乗り越えたことで得たものも多かった。

あなたは後悔していることがあるだろうか。もしあるなら、どのように乗り越えただろうか。過去は変えられないが、過去の出来事を乗り越えて未来に繋げることはできるのではないか、と私は思う。

チェックポイント

V(ます形) ＋ 兼ねない

≒ 〜の可能性がある、悪い結果になるかもしれない

- 「そんなにタバコをたくさん吸っていたら、いつか病気になり兼ねないよ。」

- 運転中に電話をかけていたら、事故を起こし兼ねない。

- この先人工知能(AI)が発達すれば、人の職場が奪われ兼ねないだろう。

- 今度の試合に負けてしまったら、リーグで最下位になり兼ねない。

- 真冬に暖房もつけないで生活していると、風邪を引き兼ねない。

- 思っていることをはっきり話さないと、相手に誤解され兼ねないよ。

1. _____遅刻し兼ねない。

2. そんなに無理をすると、_____。

3. _____兼ねない。

フリートーキング

1 あなたは自分の感情を表に出す方だと思いますか。隠す方だと思いますか。

2 どんな時、自分の感情を抑えますか。

3 今まで「自分さえ我慢していればいい」と感じたことがありますか。

4 今までに、挫折を経験したことがありますか。どのように乗り越えましたか。

5 あなたはよく緊張しますか。緊張を和らげる方法を教えてください。

6 「感情」に関するエピソードを話してください。

❶ おもしろかったこと、一番笑ったこと

❷ イライラしたこと、怒ったこと、ムカついたこと、腹が立ったこと

❸ 悲しくて泣いたこと、感動して泣いたこと、もらい泣きをしたこと

❹ ドキドキ、ワクワクしてとても楽しかったこと

❺ 後悔していること

❻ 悔しいと感じたこと

単語

🎧 mp3

手持ち無沙汰 무료함, 따분함 | 折り紙 종이접기 | いじる 만지작거리다 | 肘をつく 팔꿈치를 괴다
頬杖をつく 손으로 턱을 괴다 | 腕・足を組む 팔짱을 끼다·다리를 꼬다 | 密接 밀접 | 深層心理 심층심리
表れる 나타나다, 드러나다 | 手元 자기 주위, 주변 | 落ち着かない 불안하다 | 極端に 극단적으로, 지나치게
居心地 어떤 자리에서 느끼는 기분 | 心を許す 마음을 허락하다, 방심하다 | 一概に 일괄적으로, 일률적으로
警戒心 경계심 | 知らず知らず 모르는 사이에, 어느새 | 誤解を招く 오해를 가져오다 | 取られる 받아들여지다
みなされる 간주되다, 여겨지다 | 慎む 삼가다, 조심하다 | 何気なく 아무렇지도 않게, 무심코
無きにしも非ず 전혀 없는 것도 아니다, 없지도 않다

　相手の話を聞くときに、無意識にしてしまう動作にはどのようなものがあるだろうか。私はなぜか分からないが、話をしているときに手持ち無沙汰な感じがして、レシートを折り紙のようにして遊んだり、ストローの紙をいじってしまう。対話相手をよくよく観察してみると、肘をついていたり、頬杖をついている人も見かけたが、腕を組んだり、足を組んだりしている人も多かった。

　ある心理学者によると、癖と心理は密接に関係し、何気ない癖には深層心理が表れるとのことだ。例えば、会話をしている最中に、手元の小物をよくいじる癖は、自分に自信がなく、何かを触っていないと落ち着かない心理の表れだという。肘や頬杖をつく癖は、極端に居心地の良さを感じているか、反対に居心地の悪さを感じている時に表れるという。頬杖をついていると、退屈そう、疲れていそうなどネガティブな印象を与えるが、リラックスしていたり、相手に心を許している心理の表れでもあるので、一概に悪い癖とは言えないようだ。自分に触れることで良くも悪くも心の調整をしているのだろう。また、腕や足を組む癖は警戒心の表れによるもので、初対面の人がいたり、苦手な人がいると知らず知らずのうちにしてしまうのだという。また、相手の意見に賛成できない場合や、考え事をしている際にも無意識にしてしまう行為だという。これらの癖は、自分では気が付かないうちにしてしまっていることが多いため、話し相手の誤解を招かないよう注意も必要だ。

　また、日常生活では頻繁に使われているにも関わらず、状況によっては悪い意味に取られたり、よくない態度だとみなされる動作もある。高校野球の試合で、ある選手がガッツポーズをしたところ、適切な行為ではないとして審判に注意されたそうだ。スポーツ界では相手への姿勢も競技に含まれており、特に相撲や柔道などの武道ではガッツポーズを慎むように指導されている。

　さらに、自分の国では当たり前に使われているジェスチャーが、使う相手によっては怒りを買うことになりかねない場合もある。何気なくした行為が、話し相手の国の文化や宗教によって全く違う意味にとらえられてしまうことも無きにしも非ずだ。海外旅行に行く際や、外国人の友達と話すときには気を付けた方がいいだろう。

チェックポイント

V(〜ている)
Nの　　　**＋**　**最中(に)**

＝ 〜の間に、ちょうど〜している時に

- 報告書を作っている最中にあれこれ指示されて頭がパンクしてしまった。

- 彼女は私が話している最中に教室から飛び出して行ってしまった。

- ゲームをしている最中に話しかけられても答えられないよ。

- 部長に呼び出されたが、仕事の最中に携帯をいじっていたことがバレたのかもしれない。

- 料理の最中に宅急便が来たが手が離せなくて出られなかった。

- 試験の最中にくしゃみがしたくなって全然集中できなかった。

1. ＿＿＿＿＿＿＿＿＿＿＿＿＿＿＿＿＿＿＿＿＿＿最中にお腹が痛くなった。

2. 打ち合わせの最中に＿＿＿＿＿＿＿＿＿＿＿＿＿＿＿＿＿＿＿。

3. ＿＿＿＿＿＿＿＿＿＿＿＿＿最中に＿＿＿＿＿＿＿＿＿＿＿＿＿＿＿。

フリートーキング

1 あなたはどんな癖がありますか。

2 あなたの周りの人はどんな癖がありますか。(動作、口癖、表情など)

3 あなたは話をする時にジェスチャーをよくする方ですか。あまりしない方ですか。

4 他人がしていて格好いい、かわいいと思う癖や仕草は何ですか。

5 他人の身振り・手振り・癖が気になったことはありますか。

6 ジェスチャーをするべき、控えるべき状況はどんな場合だと思いますか。

7 国によってどんなジェスチャーの違いがあると思いますか。

8 今までぎこちなさを感じた行動、動作、状況はありましたか。

☑ あなたにはどんな癖がありますか?

☐ ペンを回す	☐ 爪を噛む	☐ 髪を触る
☐ 貧乏ゆすりをする	☐ 頭を掻く	☐ 口に手を当てる
☐ 目を擦る	☐ まばたきが多い	☐ 小指を立てて コップを持つ
☐ ポケットに 手を入れる	☐ ため息をつく	☐ 首をかしげる

33 あるある

ポイント　　〜なり(に)

出口・WAY OUT

🎧 mp3

単語

アラーム音 알람음 ｜ 邪魔(する) 방해(하다) ｜ 軽快だ 경쾌하다 ｜ 嫌気がさす 싫증 나다, 지겹다 ｜ 些細だ 사소하다

ごくごく 극히, 몹시 ｜ あらかじめ 미리, 사전에 ｜ 仕組み 시스템, 구조 ｜ 改札機 개찰기 ｜ 視線を浴びる 시선을 받다

きりがない 끝이 없다 ｜ 帰省 귀성, 고향으로 돌아가(오)는 것 ｜ 気を許す 마음을 놓다, 경계심을 풀다 ｜ 肥える 살찌다

ネタ 재료, 이야깃거리

読みましょう

　みなさんは、目覚まし時計にどんな音楽や音を設定しているだろうか。私は学生時代、当時流行っていた曲をアラーム音に設定していたのだが、毎朝毎朝睡眠の邪魔をしてくる軽快なリズムに嫌気がさし、その曲が嫌いになってしまったのだ。

　さて、今のエピソードに「私もそんな経験があった！」とどのくらいの人が共感しただろうか。

　あるあるとは…普段の日常生活の中で起きる些細な事を多くの人が体験することで「あ〜そんなことよくあるね」「あるある！」と共感できることだ。よく見かける、聞く、してしまうごくごく普通のことを表している。今日は私が思うあるあるを共有したいと思う。

　まずは日々の生活の中の不幸あるある。私は地下鉄やバスを使う時に交通系ICカードを利用している。あらかじめ券売機などでお金を入れておき、残金が少なくなるとチャージをして使う仕組みだ。私なりにいつも気にしているのだが、遅刻しそうな時や通勤ラッシュの時に限って残金が足りず、改札機の扉が閉まり、ラッシュ時には周りの会社員や学生から冷たい視線を浴びながらお金を入れに行かなければならないことが時々あった。他にも、ないと思っていた商品を買って帰ると新品が家にあったり、どうしても食べたい！と思ってお店に行ったら定休日だったり、スーパーで人が少ないレジに並んだのに他のレジの方が列の進みが早かったりなど不幸あるあるを挙げ出すときりがない。

　他人と共感できることは、何も不幸なことだけではない。例えば地方出身同士だと、上京した友達が帰省してきた時に言葉遣いが標準語になっていることに共感できる。季節のあるあるだと年末年始の連休により、気を許した仲間や家族と食べて飲んでを繰り返した結果、かなり肥えてしまったりする。学生時代あるあるだと、新しく買ったノートは1ページ目だけきれいな字で丁寧に書くことや、バイトあるあるでは店で使うバイト用語や、常連のお客さんの話で盛り上がることもあるだろう。

　果たしてみなさんは「あるある」と共感できただろうか。それとも「全く経験がない！」と感じただろうか。同じ経験をした人と体験談を分かち合えるのは、話し相手との共通点を探す上で一種の話のネタにもなるだろう。今日は様々なあるあるネタをクラスメイトと共有してみよう。

チェックポイント

いA(普通形)
なA(〜だ)   ➕   なり(に)
N

┄┄
≒ 〜のできる範囲で、〜にふさわしい基準で

- 勉強する時間がなければ、ないなりに工夫して勉強してみるとよい。

- 部屋が狭いなりに、洗濯物の干し方を工夫している。

- 下手でも下手なりに、試合に貢献できるように頑張った。

- 私なりに頑張ってみたが、全く歯が立たなかった。

- 彼らも彼らなりに試合に臨んだが、残念ながら涙をのむ結果となった。

- 料理をしたことがなくても、レシピを見ればそれなりのものは作れる。

1. 私なりに頑張ってみたが_____。

2. _____、それなりに楽しめる。

3. _____なりに_____。

フリートーキング

1 学校や職場のあるあるを話してください。

2 みなさんの働いている、または勉強している分野ならではのあるあるがありますか。

3 公共の場で感じるあるあるを話してください。
(美容院、レストラン、図書館、地下鉄など)

4 性格で感じるあるあるを話してください。
(人見知り、せっかち、天然、おせっかいな人など)

5 「〇〇あるある」テーマを一つ決めて話してください。

6 自分では当たり前だと思うけど、ほかの人には共感されなかったことはありますか。

7 周りの視線を浴びて嬉しかったこと、恥ずかしかった経験を話してください。

うんうん。

へ〜

〇〇って
ことですね!

それでどう
なったんですか?

私も同じ経験が
あります。

ポイント 　～上(で)

単語 🎧 mp3

知識 지식 ｜ 取り上げる 다루다, 채택하다 ｜ 述べる 말하다, 기술하다 ｜ 網羅する 망라하다 ｜ 把握する 파악하다

雑談 잡담 ｜ 格段に 현격히 ｜ 話題を振る 화제를 돌리다, 이야기를 꺼내다 ｜ 時世 시세(그 당시의 세상), 시대

セリフ 대사 ｜ 象徴する 상징하다 ｜ 脱税 탈세 ｜ 不祥事 불상사 ｜ 会見 회견 ｜ 謝罪 사죄

丸く収める 원만히 수습하다 ｜ 頭を下げる 고개를 숙이다 ｜ お詫び 사죄(의 말) ｜ 生中継 생중계 ｜ 信用する 신용하다

得る 얻다, 획득하다 ｜ 信憑性 신빙성 ｜ 伴う 따르다, 동반하다 ｜ 念頭に置く 염두에 두다 ｜ 併用 병용(아울러 같이 씀)

志望校 지망 학교

読みましょう

　学校の入試や就職活動をする上で、知識として必要となってくるのが時事問題だ。国内外で起きた主な事件をはじめ、政治、経済、国際問題、芸能ニュースなどが取り上げられ、自分の意見が述べられるか確かめられる。つまり、一年で起きた重大な出来事は網羅し、把握しておくことが求められているのだ。入試や面接の時だけではない。社会に出ても時事は非常に重要なものとなってくる。仕事の時はもちろん、雑談の際にもニュースを知っていると相手との話題が格段に広がるのだ。誰がどんな話題を振ってくるかは予想できないが、日々どんなことが起きているのかを追っていれば突然の話題でも対応できるだろう。

　知っておくべきといえば、年末に発表されるその年に最も流行り、時世を表している言葉を決める「流行語大賞」も挙げられるだろう。オリンピックやスポーツ選手がインタビューで話した言葉、政治問題や情報通信技術関係、ドラマでのセリフなど時代を象徴する言葉が選ばれるだけに、その一年がどんな年だったかを表す言葉として毎年大注目されているのだ。これを知っているだけでも話題はかなり広がるだろう。

　芸能人のニュースも人々の話題によく上ってくる。誰と誰が付き合っていて、誰がどんなものにはまっているのか、また、芸能人がSNSにプライベートや私物などを投稿するたびにネットニュースになったりもする。その反面、不倫や脱税、不祥事などの問題が発覚すれば、記者会見が開かれ謝罪が求められる。海外では謝罪会見が開かれることはあまりないが、日本では謝ることが良いとされている文化でもあることから、これ以上の悪化を防ぎ事態を丸く収め信頼を回復させるためにも、会見をすることは必要になってきている。多くのマスコミや記者の前で深々と頭を下げ、お詫びをする姿をテレビで生中継することも最近は増えてきた。

　しかしネットニュースは必ずしも信用できるとは限らない。マスコミによって過剰に報道され、人々が知りたい情報があまり得られない状況にもなってきている。中にはどこから情報を得たのかも分からないような信憑性の薄いニュースまでネットに載っているのだ。情報を発信する側もしっかりと正しい情報を得た上で伝えるべきだ。

> V(た形) ⎤
> Nの ⎦ ＋ 上(で)
> ....
> ≒ まず〜をしてから

- このプロジェクトは危険が伴うということを念頭においた上で、取り掛かってください。

- キャンペーン期間中は他のクーポン券とは併用できないことをご理解いただいた上で、ご注文ください。

- 面接をした上で、誰を採用するか決めたいと思います。

- 契約内容をご確認の上、こちらの書類にご署名をお願い致します。

- 志望校をどうするかは両親との相談の上で決めます。

- 書類に必要事項を全部ご記入の上、返信してください。

1. _____上で報告しようと思います。

2. 実際に商品を見た上で_____。

3. _____上で_____。

フリートーキング

1 好きな芸能人がいますか。

2 あなたはどんな媒体を使って情報を得ていますか。

3 最近気になるニュースがありますか。あなたはどんな意見を持っていますか。

4 あなたが興味を持っているニュースはどんな分野のニュースですか。

5 韓国で流行語大賞を作るとしたら、どんな言葉が入選すると思いますか。

6 時事ニュースを知っていることの重要性について話してください。

7 あなたが生まれてから起こった事件の中で記憶に残っている大きなニュースについて話してみましょう。

35 テクノロジー

🎧 mp3

単語

家電量販店 가전 양판점(가전제품을 파는 대형 소매점) ｜ コンパクト 소형, 간단함 ｜ 畳む 접다

ピント 핀트, 사진 렌즈의 초점 ｜ 持ち運び可能 휴대 가능 ｜ 炊飯器 밥솥 ｜ 目新しい 새롭다, 신기하다

仰天する 기겁하다, 소스라치게 놀라다 ｜ 機械音痴 기계치 ｜ 一苦労 조금의 수고, 고생 ｜ 初期設定 초기 설정

難関 난관 ｜ 分厚い 두껍다 ｜ 気配がない 기미가 없다 ｜ 追い付く 따라붙다 ｜ かたまる 굳어지다, (컴퓨터 등이)

작동하지 않고 다운되다 ｜ 訳が分からない 이유를 알 수 없다, 영문을 모르다 ｜ 最終手段 최종 수단 ｜ コンセント 콘센트

抜く 뽑다 ｜ 格闘する 격투하다, (문제 등과) 씨름하다 ｜ 置いてけぼり 도태됨, 따돌림 ｜ 実況者 실황자(게임 등을 실황

중계하면서 플레이 하는 사람) ｜ 器が大きい 그릇이 크다

　ある日、新しくパソコンを買いに行った。前のパソコンの調子がだいぶ悪くなり、動作も遅く買い替え時だと思ったからだ。久しぶりに家電量販店に行って最新機器を見て驚いた。親指サイズのカメラ、コンパクトに畳めるポット、自分の目でピントが合わせられるメガネ、弁当箱サイズの持ち運び可能な炊飯器…。目新しい商品の数々にただただ仰天したとともに、たった数年でこんなにも変わるのかとも感心した。

　機械音痴の私にとってはパソコンを買うのも一苦労だ。カタカナだらけの説明を聞き、何とか購入して家に帰り、パソコンの初期設定をしようとしたがこれも難関だ。まず分厚い説明書のどこを読んだらいいのかが分からない。電源ボタンを押しても動く気配がないので、あちこちにあるボタンを押しまくったが反応がない。仕方がないから息子を呼んで手伝ってもらうことにした。機械音痴の私にひきかえ、通信系学科専攻の息子は機械に強い。あれこれと口で説明してくれたが、一気に説明されても理解が追い付かない。必要最低限の機能しか使わないので、それ以上は説明しないでくれと頼んだ。

　息子が少し離れている間にまたパソコンがかたまってしまった。壊れたかと思い訳が分からず焦ってしまい、電源ボタンを押して電源を切ろうとしたがまた反応がない。最終手段だ。コンセントを抜いて強制終了した。もうこんな意味不明な機械と格闘するのはごめんなので、最終的には息子に全部丸投げしてしまった。

　テクノロジーの発展により、機械についていけない人は増えてきているのではないかと思う。科学技術の進化により様々なサービスが生まれたため、私のような機械音痴は置いてけぼりにされてはいるが、様々なことが家の中にいるだけでできるようになってきた。それに伴い新しい仕事も増えてきている。世界中の知らない人と即座に連絡がとれることから、AirbnbやUberなど需要と供給が一致し、時間も短縮され、効率的で利用しやすいサービスも誕生している。ゲーム業界でも新しい動きが見られており、近年ではプロゲーマーやネット上でのゲーム実況者なども増えてきた。その影響によりインフルエンサーも増加し、どこにいても仕事ができる時代になってきた。時代とともに機械も変わり、仕事も変化していっている。いつか機械が全部仕事をするという時代も来るだろう。未来のことを考えると、機械に強くならなければとますます不安になってしまった。

チェックポイント

V(普通形)
いA(普通形)
なA(普通形)
N(普通形)

+ のにひきかえ

*なA・Nは基本形の場合「なA(なの)、N」にひきかえ

≒ ～とは正反対に、～とは大きく違って

- バブル時代は高級車に乗り回していたのにひきかえ、最近では車離れが進んでいる。

- 隣のクラスの先生はとても優しいのにひきかえ、うちのクラスの先生は鬼のようだ。

- 田舎には近くにスーパーもないのにひきかえ、都会は徒歩圏内にスーパーが何軒もある。

- 遠藤さんのところは夫婦円満なのにひきかえ、金子さんのところは喧嘩が絶えない。

- 成績優秀な友達にひきかえ、私はいつもクラスでビリの成績だ。

- 猛暑だった去年の夏にひきかえ、今年は涼しい日が続いている。

1. 隣の部署の部長は器が大きいのにひきかえ、＿＿＿＿＿＿＿＿＿＿＿＿＿。

2. ＿＿＿＿＿＿＿＿＿＿＿＿＿＿＿＿＿＿＿。それにひきかえ私は…。

3. ＿＿＿＿＿＿＿＿＿にひきかえ＿＿＿＿＿＿＿＿＿＿＿＿＿。

1　あなたは携帯電話やパソコンをいつから持っていますか。

2　あなたは機械音痴ですか。

3　今までどのような機械を使ったことがありますか。機能などを話してください。

4　自分が「アナログ人間」だと感じる時がありますか。

5　他人とコミュニケーションを取る時、どんな手段が一番楽ですか。

6　現代社会においてどんなテクノロジーが重要だと思いますか。
　　反対に必要ないと思うものがありますか。

7　あなたは最新機器に目がない方ですか。

8　テクノロジーは人にどのような影響を与えると思いますか。

9　ここ10年で進化したテクノロジーの中で一番変わったものは何だと思いますか。

10　将来、テクノロジーはどのように変わっていくと思いますか。想像してみましょう。

11　こんな機械があったらいいなと思うものはありますか。

四字熟語

 四字熟語 ～使っているとかっこよく見えるもの編～

その四字熟語の意味を考えて、適切なものと線で結びましょう。

例 快刀乱麻 •

• 【意味】 くもりが全くない鏡や、静止している水のように心が澄み切っていて、邪念がないこと。
例 ○○○○を意識し、余計なことは考えたくない。

❶ 百花繚乱 •

• 【意味】 良い行いをした人には良いことが、悪い行いをした人には悪いことが起きること。
例 彼の不幸は可哀そうだけど、これまで彼がしてきたことを思うと○○○○としか言えない。

❷ 明鏡止水 •

• 【意味】 むやみに周りの人の意見に同調すること。
例 ○○○○せず、自分らしい生き方をしたい。

❸ 因果応報 •

• 【意味】 昔のことを研究し、そこから新しいものを探すこと。
例 祖母は○○○○の精神を持っているので、私よりもパソコンに詳しい。

❹ 温故知新 •

• 【意味】 様々な花が美しく咲くこと。そのことから、一時的に多くの優れた人材が現れること。
例 今年のオリンピック選手たちは○○○○だった。皆、すばらしい記録を残した。

❺ 付和雷同 •

• 【意味】 複雑な物事をうまく処理し解決すること。
例 会社の問題を、課長が<u>快刀乱麻</u>を断つように解決した。

VIII

四字熟語 ～初級編～

次の四字熟語のカタカナの部分を漢字にしてみましょう。

四字熟語	メモ、例
1 以心伝シン	
2 意気投ゴウ	
3 四ク八苦	
4 イッ石二鳥	
5 弱ニク強食	
6 単刀チョク入	
7 支リ滅裂	
8 一刀両ダン	
9 十人ト色	
10 電光石カ	
11 タ種多様	
12 危機一パツ	
13 奇想テン外	
14 キ怒哀楽	

36 迷信と非科学的現象

単語　🎧 mp3

迷信 미신 ｜ 茶柱 찻줄기 ｜ 縁起がいい 길하다, 재수가 좋다 ｜ 湯呑 찻잔 ｜ 方角 방위, 방향 ｜ 根拠 근거

非合理的 비합리적 ｜ 解明 해명 ｜ 言い伝える 구전하다 ｜ しつけ 예의범절을 가르침 ｜ 行儀 예절 ｜ 戒め 훈계, 교훈

閻魔様 염라대왕 ｜ おへそ 배꼽 ｜ 覆う 덮다, 가리다 ｜ 諸説 제설(여러 가지 설) ｜ 由来 유래 ｜ 食べ合わせ 음식 궁합

先人 선조 ｜ 知恵 지혜 ｜ 言い訳 변명 ｜ 従う 따르다 ｜ 気まぐれ 변덕 ｜ 氷山の一角 빙산의 일각

責任を負う 책임을 지다 ｜ ジンクス 징크스 ｜ 験を担ぐ 길흉을 따지다

　日本には様々な迷信があります。「茶柱が立つと縁起がいい」や、「北枕で寝てはならない」などは多くの人が知っているものです。私も子供の頃に聞いたことがあり、未だにお茶を入れるたびに湯呑の中を確認したり、どこかに泊まりに行く際には北の方角に枕を置かないようにしています。

　しかしよく調べてみると迷信のほとんどが科学的な根拠はなく、非合理的なものばかりです。様々なものが解明されるようになった今、迷信に対し否定的な考えを持ち、迷信はただ迷信にすぎないと、信じなくなってしまった人も多いのではないでしょうか。今後迷信は言い伝えられることなく消えていってしまうのでしょうか。

　ただ科学的な根拠はなくとも、迷信には子供のしつけとして行儀や社会のルールを守るための戒めとしての役割があるように思います。私は小さい頃に「嘘をつくと閻魔様に舌を抜かれる」と言われ、嘘をつくのを怖がっていました。子供の頃に嘘をつく習慣がつかなかったのは迷信のおかげだと思います。似たような迷信に「雷が鳴ったらおへそを隠す」ことも子供の頃によく言われていました。当時はただ雷が怖くて、布団をかぶっておへそを両手で覆うように隠していました。これも諸説あるようですが、雷が鳴り雨が降った後には冷たい風が吹くので、お腹を壊さないようにするためのものだそうです。

　また迷信の由来を調べてみると納得するようなものも多くあります。「鰻と梅干しは食べ合わせが悪い」と言われますが、それは消化の良い梅干しと一緒に食べることによって高価な鰻の食べすぎを戒めるためだったそうです。

　このように古くから言い伝えられている迷信は、適当な作り話ではなく、先人の知恵が詰まっているものであり、教育として子供に伝えていきたいものも数多くあります。そんなことはないだろうと思うようなことでも、由来や意図を知ると「なるほどな」と感心させられるものもあります。何事もすぐに否定せず、調べてみることが大切ではないかと思います。あなたもあなたの国や地域で言い伝えられている迷信の由来を調べてみてはいかがでしょうか。

チェックポイント

V(普通形)
いA(普通形)
なA(～である・～だった)
N・Nである・Nだった

 にすぎない

··

≒ ただの～だ

- ただ言い訳を言っているにすぎない。耳を貸すまでもないだろう。

- 私は上司に言われたとおり、マニュアルに従ったにすぎない。

- あの列に並んでいる人たちは、ただ単に、新しく出た製品を手に入れたいにすぎない。

- 別に特別興味があるわけじゃないんです。ただの気まぐれにすぎません。

- この世には、膨大な情報が溢れている。私が知っているのは、氷山の一角にすぎない。

- 私は一社員にすぎないので、この件に関しては責任を負えません。

1. _____は、噂にすぎない。

2. _____、ほんの一部にすぎない。

3. _____にすぎない。

1 韓国の迷信について話してください。

2 外国の迷信について話してください。

3 縁起がいいもの、縁起が悪いものについて話してください。

4 あなたには「ジンクス」や「験を担いでいるもの」がありますか。

5 あなたは占いを信じますか。

6 あなたやあなたの周りで起こった非科学的現象について話してください。

7 親や周りの人にされた注意の中で印象に残っていることがありますか。

✅ 日本の迷信

• 夜に爪を切ると親の死に目に会えない。	• 霊柩車を見たら親指を隠す。
• しゃっくりが100回でたら死ぬ。	• 雛人形をしまい忘れると婚期が遅れる。
• ため息をつくと幸せが逃げる。	• 耳たぶが大きいとお金持ちになる。
• 初夢に一富士二鷹三茄子を見ると縁起がいい。	• 朝蜘蛛は縁起がいい。
• くしゃみが出ると誰かに噂されている。	• 猫が顔を洗うと雨が降る。

37 ハラスメント

🎧 mp3

単語

嫌がらせ 괴롭힘, 짓궂은 언행 ｜ 不快だ 불쾌하다 ｜ 該当 해당 ｜ 世の中 세상 ｜ 数え上げる 열거하다

きりがない 끝이 없다 ｜ 苦しめる 괴롭히다 ｜ べろべろ 몹시 술취한 모양, 곤드레 만드레 ｜ 中年 중년

ふらふら 흔들흔들, 휘청휘청 ｜ 抑える (억)누르다 ｜ 怒鳴りつける 호통치다 ｜ 余計に 한층 더, 더욱

やっとの思いで 가까스로, 겨우 ｜ 乗り切る 넘기다, 이겨 내다 ｜ 暴言を吐く 폭언을 퍼붓다

暴力を振るう 폭력을 휘두르다 ｜ 口答え 말대꾸, 말대답 ｜ 言い訳 핑계, 변명 ｜ 理不尽だ 불합리하다, 도리에 어긋나다

絶やす 끊다, 없애다 ｜ 優劣をつける 우열을 가리다 ｜ 威張る 거만하게 굴다, 으스대다 ｜ 無礼だ 무례하다

横柄だ 거만하다, 건방지다

　「ハラスメント」とは、日常生活や職場で相手に対して「嫌がらせ」をすることです。自分自身はそのつもりはなくとも、相手が不快な思いをした時も該当します。世の中には色々なハラスメントが存在し、セクハラやパワハラ、マタハラ、モラハラ…など数え上げたらきりがありません。

　中でも、客であるカスタマーが店員や従業員を苦しめたり、いじめたり嫌がらせをする、いわゆる「カスハラ」があります。私自身、その「カスハラ」を経験したことがありました。

　コンビニでアルバイトしていた時のことです。深夜1時頃にべろべろに酔っ払った中年の男性がふらふらとやって来ました。

　その中年男性は私の顔を見るなり「ビールを持って来い」と急に叫び出しました。店内には他のお客さんも数人いたので、私は緊張した気持ちを抑えながら落ち着いて接客しました。お金を受け取りビールを袋に入れ、早く帰らせようとしました。すると今度は「おい！一番大きな袋に入れろ！そんなのも分かんないのか！」と怒鳴りつけてきたので、「お客様、すみませんがビール1本にはこちらのサイズの袋で十分だと思いますが…」と返したところ、その男性は「態度といい、サービスといい最悪の店だな」と余計に怒り出したので仕方なく大きな袋に入れ、やっとの思いでその場を乗り切りました。

　このように客が店員に対して無理な要求をしたり、暴言を吐いたり、暴力を振るうことは少なくないといいます。働いている側は口答えや言い訳なんて許されないので、どんな理不尽なクレームに対しても丁寧に頭を下げて謝ったり、笑顔を絶やさずに接客したりと、お店の評判のためにも我慢しなければならないのです。

　そもそも店側は客に対して商品の販売、サービスの提供を行い、客側はお店の商品やサービスに対してお金を払っています。この関係性からか、客が店側を「下の立場」だと勘違いをする場合があります。が、このように人に優劣をつけて威張って無礼な態度を取ってもいいわけではないはずです。要するに消費者と店員の関係は上下関係ではなく、立場の違いが成り立たなければならないのです。

　「お客様は神様だ」とはよく聞きますが、神様はこんな横柄な態度を取らないでしょう。一人の人間として当たり前の接し方を心掛ければ、きっとこの世に存在するあらゆるハラスメント問題も徐々に減っていくでしょう。

> **N1** ➕ **といい**　　　**N2** ➕ **といい**
> ....
> ≒ 〜も…も全部(話者の肯定的評価、否定的評価を表す)

- 車といい、時計といい、彼が持っているものは全部高そうだ。

- 大学生の娘は化粧品といい、アクセサリーといい、勉強よりも外見に気を使いすぎている。

- 先輩は性格の良さといい、優秀な成績といい、私の理想のタイプの男性である。

- このブランドは色といい、デザインといい、有名なだけあってとても素敵だ。

- 不景気といい、災害といい、今年は大変な一年だった。

- タレントAは歌唱力といい、演技力といい、あらゆる面で優れている。

1. ＿＿＿＿＿といい、＿＿＿＿＿といい、この料理は＿＿＿＿＿。

2. 彼は＿＿＿＿＿といい、＿＿＿＿＿といい、＿＿＿＿＿＿＿。

3. ＿＿＿＿＿といい＿＿＿＿＿といい＿＿＿＿＿＿＿＿。

フリートーキング

1 あなたが知っている「○○ハラスメント」は何ですか。
(例えば、パワハラ、セクハラ、マタハラ、オワハラ、モラハラ、スメハラ、アカハラなど)

2 「ハラスメント」に関するニュースについて知っていることを話してください。

3 店側の態度で気に入らなかった経験がありますか。

4 客側の態度で気に入らなかった経験がありますか。

5 店側と客側のトラブルやハプニングを見たり聞いたりしたことがありますか。

6 あなた自身がハラスメントじゃないかと感じたことについて話しましょう。

7 ハラスメント対策について話してみましょう。

8 あなたが思う「暮らしやすい、働きやすい社会」とは何ですか。

38 環境

ポイント ～つつある

単語 🎧 mp3

地球温暖化 (ちきゅうおんだんか) 지구 온난화 | 異常気象 (いじょうきしょう) 이상 기후 | 森林破壊 (しんりんはかい) 삼림 파괴, 벌채 | 酸性雨 (さんせいう) 산성비 | 大気汚染 (たいきおせん) 대기 오염

今もなお (いま) 여전히, 아직도 | 問題視 (もんだいし) 문제시 | 塵も積もれば山となる (ちりつやま) 티끌 모아 태산 | 省エネ (しょう) 에너지 절감

資源 (しげん) 자원 | 前進する (ぜんしん) 전진하다 | 向き合う (むあ) 마주하다 | ～を機に (き) ~를 계기로 | 節電 (せつでん) 절전 | 節水 (せっすい) 절수

こまめに 부지런히 | 残り湯 (のこゆ) 목욕에 사용하고 남은 물 | 一個人 (いっこじん) 일개인 | クールビズ 쿨비즈 | ウォームビズ 웜비즈

業績 (ぎょうせき) 업적 | ようやく 점차, 겨우 | 過剰包装 (かじょうほうそう) 과대 포장

　皆さんは環境問題と聞くと、何を思い浮かべるだろうか。地球温暖化、異常気象、ゴミ問題、森林破壊、酸性雨、大気汚染…など、地球上には様々な問題が存在しており、大きな問題から小さな問題まで挙げればきりがない。これらの問題は、私たち人間が経済的豊かさを求めた結果生まれたものであり、今もなお世界中で問題視されている。

　では、地球を守るために私たちができることは何だろうか。「塵も積もれば山となる」という諺があるように、小さな無駄を減らしていけば、やがて大きな省エネになり、また、小さな物でも集めれば大きな資源になることもある。このように、小さなことから取り組んでいくことで、問題解決に向かって一歩前進することができるはずだ。

　そして近年、少しずつではあるが、以前より人々の意識は変わりつつあり、環境問題に向き合おうとする動きが見られるようになってきたと思う。ここである主婦の例を挙げるとしよう。

　主婦Aさんは、子供の頃は環境問題に全くと言っていいほど興味がなかったが、結婚、出産を機に、子供の将来、環境について考えるようになった。この子が大人になった時、世の中はどうなっているのだろうか。Aさんは、無理のない程度のエコ活動を始めることにした。

　その一つが「節電・節水」だ。照明の電気をこまめに切ったり、家電製品は省エネ型を購入したりと、電力の消費が抑えられるように意識している。また、食器洗いの際には水を出しっぱなしにしない、お風呂の残り湯は洗濯に使うなどを心掛けており、これは、省エネになるだけでなく節約にもなるため、家計にも優しい行動だと言えそうだ。

　他にも、一個人の活動だけでなく、社会全体を見てもいろいろな取り組みが行われており、レジ袋の有料化、クールビズやウォームビズなど、人々が環境問題について考える機会は増えつつあるように思う。

　このように、人々が普段から少しずつでも暮らし方や意識を変えることで、環境問題に変化が生まれ、後々の地球に影響を与えることができるだろう。今まで環境問題について深く考えたことがなかった方も、私たちに何ができるのかについて、今日は是非一度考えてみてほしい。

チェックポイント

V(ます形) **+** つつある

・・

≒ (今ちょうど)〜している

- この会社の業績は伸びつつある。

- 日本の少子高齢化が進みつつある。

- 先月、田舎からソウルに引っ越してきたが、ようやく都会の雰囲気に慣れつつあります。

- 文化祭の準備を通して、少しずつクラスメイトとの仲が深まりつつあります。

- スマホの登場により、デジカメの人気は下がりつつある。

- 何百年も前から続いている伝統文化が消えつつある。

1. 最近韓国は＿＿＿＿＿＿＿＿＿＿＿＿＿＿＿＿＿＿＿＿＿つつある。

2. 今、地球は＿＿＿＿＿＿＿＿＿＿＿＿＿＿＿＿＿＿＿＿＿つつある。

3. ＿＿＿＿＿＿＿＿＿＿＿＿＿＿＿＿＿＿＿＿＿＿＿つつある。

1　あなたが知っている環境問題について話してください。

2　環境問題で一番気になっていることは何ですか。そのためにどうするべきでしょうか。

3　環境を守るために、あなたが普段しているエコ活動について話してください。

4　あなたは節約をしていますか。また、節約をしようと思ったことはありますか。

5　何かを買う時は、新しいものを買いますか。それとも中古品でも気に入ったものがあれば それを買いますか。品物別に具体的に話しましょう。

6　長い間使っているものには何がありますか。

7　無駄遣いされているものといえば、何を思い浮かべますか。

8　過剰包装について、どう思いますか。

9　エコ商品、リサイクル商品といえば、どんなものがありますか。

39 芸術

ポイント　〜かのように

🎧 mp3

単語

催す 개최하다 | 最も 가장 | 適する 알맞다, 적당하다 | 追求(する) 추구(하다) | 彫刻 조각 | 演劇 연극

無縁 관계가 없음, 인연이 없음 | 〜漬け 절인 것 (여기에서는 '그것에 열중하는 모습'을 표현) | 疎い 생소하다, 서먹하다

つながる 이어지다 | 膨らむ 부풀어 오르다, 커지다 | もってのほか 당치도 않음 | くみ取る 이해하다, 추측하다

間際 직전, 막 ~하려는 찰나 | 泣きつく 울며 매달리다, 애원하다 | 足を運ぶ 발걸음을 옮기다, 찾아가보다

目に留まる 눈에 띄다, 마음에 들다 | しとやかだ 얌전하다, 단아하다 | 佇む 잠시 멈춰 서다, 서성이다 | 悟る 깨닫다

ひょんな 묘한, 엉뚱한 | 磨きがかかる 실력이 향상되다, 더욱 세련되어지다 | 嗜む 즐기다, 소양을 쌓다

「芸術の秋」という言葉がある。

　芸術作品の展示会が秋によく催されることなどからできた言葉だとか。また暑い夏が過ぎ、涼しい秋が訪れ、集中力が必要な文化的な活動をするのに最も適した季節だからついた言葉だとも言われている。

　では芸術とは何なのか。辞書で意味を調べてみた。「ある特定の材料・様式などによって美を追求・表現しようとする活動。絵画・彫刻・建築などの空間芸術、音楽・文学などの時間芸術、演劇・映画・舞踊・オペラなどの総合芸術がある」と出てきた。

　私は幼少期から芸術とは無縁の生活を送ってきた。両親の趣味に芸術関係のものがあったわけでもなく、毎日運動漬けの日々を送ってきた私は芸術に疎い。学校の美術や図工の成績は5段階評価のうち良くて2。舞踊なら運動とつながっているんじゃないかと思い、友達にチケットを取ってもらって見に行っても、開始20分で寝てしまう始末だ。頭の中で何かを想像することも苦手なのでメロディーを作ったり、物語の主人公になったかのようにイメージを膨らませて文を書くなんてもってのほかだ。学生の頃は夏休みの宿題に読書感想文が義務付けられていたが、筆者の意図もくみ取れず、また現在の自分自身の経験と比較して書くことに苦戦し、始業式間際になってよく親に泣きついていたものだ。全く興味がないというわけではないが、いかんせん理解ができないのだ。

　しかし、そんな私が芸術に対して考えが変わった出来事があった。それはある日、海外旅行先で美術館に足を運んだ時のことだった。ガイドブックにも載っていた一枚の絵が目に留まった。その絵のサイズは小さく、地味な感じがしたがなぜか惹かれたのだ。一人のしとやかな女性が丘に佇んでいる姿が描かれていたのだが、微笑みの中に憂鬱さも感じられ、まるですべてを悟った女神のように見えたのだ。ひょんなきっかけだったが私はそれ以来、旅行で海外を訪れるたびに美術館に行っては自分のお気に入りの絵を探すようにしている。専門知識があるわけではないが、なぜか惹かれる。私の楽しみ方だ。

　みなさんは芸術を楽しんでいますか。

V(普通形)
いA(普通形)
なA(〜だ・〜である)
N・Nである

+ かのように

⇒ まるで〜のように

- 彼の技術は、まるでプロに指導してもらったかのように磨きがかかっていた。

- 世間は彼女が犯罪を犯したかのように非難している。

- 工藤さんは喧嘩した次の日に何事もなかったかのように話しかけてきた。

- 何が起きたか知っているくせに、部長は何も知らないかのように接してきた。

- 先輩はプロジェクトに問題があったにも関わらず、まるで順調であるかのように報告していた。

- まるで有名人かのようにSNSに写真を投稿している。

1. 彼はまるで＿＿＿＿＿＿＿＿＿＿＿＿＿＿＿＿＿＿＿かのように話している。

2. 初めて会ったのに＿＿＿＿＿＿＿＿＿＿＿＿＿＿＿＿＿＿かのようだ。

3. ＿＿＿＿＿＿＿＿＿＿＿＿＿＿＿＿＿＿＿＿＿＿かのようです。

1　あなたや周りの人はどんな芸術を嗜んでいますか。

2　あなたは想像力が豊かな方ですか。

3　芸術に関する思い出がありますか。

4　博物館、美術館、展示会に行った経験はありますか。

5　公演やミュージカルなど舞台を見に行ったことがありますか。

6　美術の授業、図工の授業の思い出はありますか。

7　あなたの「〇〇の秋」を教えてください。

40 天候・災害

ポイント 　～に越したことはない

単語 　　　　　　　　　　　　　　　　　　　　　　　　　　　　　　　　🎧 **mp3**

だるい 나른하다 ｜ 憂鬱だ 우울하다 ｜ 開放感 개방감 ｜ 晴れ晴れとする 상쾌하다, 개운하다 ｜ 左右される 좌우되다

災害 재해 ｜ 話が違う 이야기가 달라지다 ｜ 震度 진도(지진의 강도) ｜ 上陸する 상륙하다 ｜ 断水 단수

見舞う (반갑지 않은 것이) 닥쳐 오다, 덮치다, 당하다 ｜ 地盤が緩む 지반이 물러지다 ｜ 土砂崩れ 토사 붕괴, 산사태

相次いで 연달아, 잇따라 ｜ 備える 대비하다 ｜ 怠る 소홀히 하다, 게으름을 피우다 ｜ 避難訓練 피난 훈련 ｜ 合言葉 표어

いざという時のために 만일의 경우를 대비하여 ｜ 入念 특히 주의함, 정성 들임 ｜ あらかじめ 미리, 사전에

　毎日雨が降り続けると体が重い、だるい、何もやる気が起きないなど憂鬱な気分になったりします。反対に空気が良く、晴れた日に外に出ると開放感もあり、気持ちが晴れ晴れとしストレス解消になったりもします。雨が降る前の日から頭が痛くなったり、季節の変わり目になると体調に変化があったりと、天気に心や体調が左右されることは少なからずあるのではないでしょうか。

　普段の天候なら心の変化だけで済むかもしれませんが、災害が起こるとなるとまた話が違ってきます。世界で自然災害が多い国の一つと言われている日本では、人間が感じることができる震度の地震は年に1,000〜2,000件ほど発生し、日本に上陸する台風の発生数は、平均20〜30個ほどだと言われています。

　自然災害が発生することで停電・断水に見舞われるほか、車や屋根が飛ばされたり、地盤が緩んで土砂崩れが起きるなど、深刻な被害が相次いで起きています。台風が上陸する前日になると、町中のスーパーでパンやお菓子が品切れになるということも珍しくはありません。予測できない自然災害に備えて、防災訓練や防災グッズの確認などを怠らないに越したことはないでしょう。

　日本の学校などで避難訓練をする時によく使われる言葉に「お・は・し」という合言葉があります。これは避難訓練をする時の標語で、「お」は「押さない」、「は」は「走らない」、「し」は「喋らない」という意味です。地域や学校ごとで合言葉は一文字増えたり変わったりします。たいていの学校では一学期に1回避難訓練が行われるそうですが、多いところでは月に1回しているところもあります。自然災害は学校や家にいる時に起こるとは限りません。いざという時のために、各家庭で避難場所を前もって決めておく必要もあるでしょう。

　いつ起きるか分からない恐怖と隣り合わせで生活しているため、入念な対策が必要になってきますが、日本には災害を経験したことがない外国人も住んでいます。「留学生30万人計画」や「外国人労働者の受け入れ拡大」により訪日外国人が増えている中、災害が起きた時にどのように行動をすればいいか分からなかったり、正確な情報が把握できない外国人も多いそうです。

　自分の身は自分で守れるように何ができるか、あらかじめどのように備えたらいいかを普段から考えて行動する必要がありますね。

チェックポイント

| V(基本形・ない形)
いA(基本形・ない形)
なA(〜だ・〜である)
N・Nである | | に越したことはない |

≒ 〜が一番だ、普通に考えればその方がいい

- 券売機や窓口は込んでいることもあるし、ネットで予約しておくに越したことはないよ。

- 締め切りはまだまだ先だが、早く提出するに越したことはない。

- 怪しい場所には近づかないに越したことはない。

- 料金プランは安いに越したことはないが、あまりにも安いと少し疑ってしまう。

- スーツケースは軽さも重視したいけど、やっぱり頑丈に越したことはないよね。

- 職場から徒歩圏内の場所に住めるなら、それに越したことはないけど…。

1. 留学するなら＿＿＿＿＿＿＿＿＿＿＿＿＿＿に越したことはありません。

2. ＿＿＿＿＿＿＿＿＿＿＿＿＿＿あるに越したことはないだろう。

3. ＿＿＿＿＿＿＿＿＿＿＿＿＿＿に越したことはない。

フリートーキング

1 天気によって体調や気分が変わったりしますか。

2 夕立や通り雨に遭って、苦い思いをした経験はありますか。

3 あなたは置き傘をしていますか。

4 夏バテの経験を話してください。

5 最近の異常気象について話しましょう。昔と比べて変わったことはありますか。

6 地震や天災を経験したことがありますか。

7 もし地震が起きたら…どのように行動すべきか考えましょう。

8 自然災害に備えて何かしていることがありますか。

9 防災グッズの中身を考えてみましょう。

41 都市・田舎

ポイント　～はおろか

🎧 mp3

単語

めまい 현기증 | 洗礼を受ける 세례를 받다 | 漕ぐ (자전거 등을 탈 때) 발을 폈다 구부렸다하다 | 見渡す 둘러보다

一足先に 한발 앞섬, 조금 먼저 | 上京 상경 | 首都圏 수도권 | 圧倒 압도 | 呆然 망연, 어안이 벙벙

桁違い 현격한 차이, 차원이 다름 | 地元 자기가 사는 동네, 고향 | 軒 –채(건물을 세는 단위) | 意思疎通 의사소통

食卓 식탁 | 千差万別 천차만별 | 話に花が咲く 이야기에 꽃이 피다 | 過疎化 과소화 | 少子高齢化 저출산 고령화

人手不足 일손 부족 | 著しい 현저하다, 두드러지다 | 特色 특색 | 催し 행사, 모임 | ぎっくり腰 돌발성 요통(갑자기

무거운 것을 들었을 때 허리를 삐끗하는 것) | じっとする 가만히 있다 | 危うい 위태롭다

「ああ。どうしよう…。人が多すぎてめまいが…。」

　東京駅に降り立った私はあまりの人の多さと、人が歩くスピードに、「これが日本の中心、東京なのか。」と洗礼を受けたかのように感じた。東京の大学に合格し、憧れの東京での生活が始まる。普段両親が運転する車や、自分で自転車を漕いで移動していたため、電車に乗ることは久しぶりだったが、どこを見渡しても人、人、人…。一足先に上京した友達から話は聞いていたが、首都圏はこんなに人が多いものなのかと圧倒され、しばらく立ち尽くしたまま呆然としてしまった。

　地方出身の私にとっては東京での生活はとても刺激的だった。まず経験できることが桁違いだ。私の地元は田舎だったためか、デパートはおろか、コンビニさえも歩いて20分離れたところにしかなかった。ところが東京はどうだ。少し歩けばコンビニはもちろんあるし、学校の周りにはカフェが10軒以上もある。電車で10分も行けば大きなショッピングモールに行くこともできるのだ。公演や企業の説明会なども東京だけが除かれて、他の地域ではするなんてことは今まで聞いたことがない。

　様々な地方出身の人が集まっているということも私にとっては魅力的だった。地方出身者が集まると必ず起こることは意思疎通の難しさだ。特に方言。地元では当たり前のように使ってきた言葉が通じないのだ。食べ物もそれぞれの地域で特産物があるため、食卓に並ぶ料理や普段食べる物が違う。お正月に食べる雑煮一つとっても、具に至っては千差万別だ。僕の地元ではこうだった、いや、私の地元ではこうだったと話に花が咲くことも多く、新しい世界を知ることができ、とても興味深かった。

　私のように上京し、都会での生活を送る人が増えてきている。やはり都会での生活の方が何かと便利で快適なのかもしれない。しかし都会に住む人が増えていく一方で、人が減ってきている地域がある。

　ついこの前ワイドショーで見かけたが、人口が少ない地域では過疎化が進んでいるそうだ。少子高齢化や農産業での人手不足は著しく、深刻な社会問題となっている。地域の特色を生かした行事や催しが行われているが、地域の文化や経済をより活性化させるために、何を行うべきか考えることが今後の課題となってくるだろう。

チェックポイント

V(基本形)〜こと・〜の
N
+ はおろか

⋯⋯⋯⋯⋯⋯⋯⋯⋯⋯⋯⋯⋯⋯⋯⋯⋯⋯⋯⋯⋯⋯⋯⋯⋯⋯⋯

≒ 〜は当然として

- ぎっくり腰になって、歩くのはおろか、座ってじっとしていることすら大変だ。

- 話すのはおろか、会ってすらもらえなかった。

- 今のままの成績では、進学はおろか、卒業も危うい。

- 海外はおろか、地元から他県に行ったこともない。

- 忙しすぎて、食事はおろか、トイレに行く時間さえなかった。

- 同窓会で10年振りに会った彼女は、私の名前はおろか、顔さえ覚えていなかった。

1. その新入社員は＿＿＿＿＿＿＿はおろか、＿＿＿＿＿＿＿もできなかった。

2. せっかくの休みなのに、＿＿＿＿＿＿＿はおろか、＿＿＿＿＿＿＿。

3. ＿＿＿＿＿＿＿はおろか、＿＿＿＿＿＿＿。

フリートーキング

1 都会のメリット、デメリットを考えてみましょう。

2 田舎のメリット、デメリットを考えてみましょう。

3 韓国では地域によってどんなことが違いますか。

4 日本や他の国で地域によって違うことを何か知っていますか。

5 方言を一つ紹介してください。どんな意味ですか。どんな時に使いますか。

6 人口が減りつつある地域ではどのように地域を活性させればいいと思いますか。

7 「都会と田舎」。それぞれの定義を考えてみましょう。

42 自立

🎧 mp3

単語

自立(じりつ) 자립 ｜ 思(おも)い浮(う)かべる 떠올리다, 연상하다 ｜ 依存(いぞん)する 의존하다 ｜ 稼(かせ)ぐ 벌다 ｜ 負担(ふたん)する 부담하다

今(いま)や 이제는 ｜ かつては 옛날에는, 전에는 ｜ 賄(まかな)う 조달하다, 마련해 내다 ｜ 物事(ものごと) 일, 매사 ｜ 優秀(ゆうしゅう) 우수

大(おお)いに 대단히, 매우 ｜ 継(つ)ぐ 이어받다, 계승하다 ｜ 仕送(しおく)り (생활비·학비 등을) 보내줌, 송금 ｜ 役目(やくめ) 책임, 직무, 역할

工面(くめん)する 돈을 마련하다 ｜ ちなみに 덧붙여서 ｜ わざわざ 일부러 ｜ 自己負担(じこふたん) 자기 부담 ｜ ある程度(ていど) 어느 정도

避難所(ひなんじょ) 피난소 ｜ 辞職(じしょく) 사직 ｜ 度重(たびかさ)なる 거듭되다, 되풀이 되다 ｜ 引退(いんたい) 은퇴 ｜ 支援(しえん) 지원

読みましょう

　自立と聞いてあなたは何を思い浮かべるでしょうか。社会に自立した一人の人間として出て行く社会的自立、精神面で誰かに依存することなく自分で人生を選択しながら生きて行く精神的な自立、自分でお金を稼ぎ、誰かに頼らず生活する経済的な自立。今日は経済的な自立についてエピソードを紹介します。

　親が子供の学費や生活費を負担することは、今や当たり前のこととなっていますが、かつては成人になると、親から自立して自分の力で学費を賄っていたものです。「親である以上、子供が成人になっても教育に責任を持つことが当たり前だ」という考え方が多いですが「子供の頃は困ったことがある度に親に助けてもらったけど、大人になれば自分の力で物事を解決しなければならない」という人もいます。

　高校3年生の時、クラスメイトの渡辺さんはクラス一優秀で、成績は常に学年5位以内に入り、先生からも大いに期待されている生徒でした。「渡辺さんは、きっと名門T大学に合格するにちがいない」と誰もが確信していたのですが、驚いたことに渡辺さんは家庭の経済的な事情でお父さんの仕事を継ぐこと を余儀なくされた そうです。

　私は運よく第一希望のA大学に入学し、一人暮らしを始めることになったので、学費は親から、生活費も毎月仕送りしてもらいました。当時は特に親に感謝することもなく、それが親の役目だと思っていましたが、大学生活を通して気付いたのは、学生の半分以上はアルバイトをしながら学費や生活費を工面していたことです。

　ちなみに日本人の中でわざわざ学校を休学してまで自費で留学することは珍しいことです。留学となると、学費はほぼ100パーセント自己負担になるため、生活に余裕がある家庭じゃない限りなかなか行く人がいないからです。留学したとしても親のお金だと、いつまでも親に頼っている自立できない人だと周りから冷たい目で見られる時もあります。そのため、働いてある程度お金が貯まった、30代になる前に会社を辞めて海外やワーキングホリデーに行く人もいるほどです。このように最初から親や他人に頼らないで、できるだけ自分の力で置かれた状況を解決しようという考え方が理想とされていますが、それを実現できている人は一体どのくらいいるのでしょうか。

　さて、今回は自立について考えてみましょう。

チェックポイント

N ➕ を余儀なくされる

⇆ 〜したくないけど、〜するしかない状態にされる

- 地震によって、避難所生活を余儀なくされた。

- セクハラが発覚してから社員たちの信頼を完全に失ってしまった社長は、辞職を余儀なくされた。

- ダム建築のため、住民らは引っ越しを余儀なくされた。

- あの政治家は暴言や失言が多く、国民の信頼を失い、ついに辞任を余儀なくされました。

- 日本の消費税が上がれば上がるほど、国民は節約を余儀なくされるだろう。

- 残念なことに、内田選手は度重なるケガにより引退を余儀なくされた。

1. _____閉店を余儀なくされた。

2. _____入院を余儀なくされた。

3. _____を余儀なくされた。

フリートーキング

1 あなたは親から自立していると思いますか。それともまだだと思いますか。

2 親から自立するタイミングはいつがいいと思いますか。

3 学費や生活費などは誰が負担するべきだと思いますか。

4 もしあなたが親だったら、自分の子どもをいつまで金銭面で支援してあげたいですか。
(結婚前まで、大学を卒業する前まで、就職前まで…など)

5 お金を節約するためにどんなことをしたことがありますか。

6 困った時は、できるだけ自分の力で解決する方ですか。

7 金銭面の問題で、夢を諦めたことがありますか。

8 仕事における自立、精神的な自立、経済的な自立の中でどれが一番自立するのが難しい
と思いますか。

ことわざ

ことわざ	意味
阿吽の呼吸	二人以上で何かを行うときに息がぴったり合うこと
石橋を叩いて渡る	用心に用心を重ね、物事を慎重に行うこと
急がば回れ	危険な近道よりも安全な遠回りの方が、かえって早く済むこと
馬の耳に念仏	人の注意や意見を聞いても、全く耳を貸さないこと
始めが肝心	始めで失敗すると、その後もうまくいかないこと
終わり良ければすべて良し	結果が良ければ、きっかけや経過は問題にならないこと
木を見て森を見ず	細かい部分にこだわりすぎて、全体の本質がつかめていないこと
雀の涙	ほんの少しの量
備えあれば憂いなし	予め準備しておけば、何か起こっても心配事がないこと
鉄は熱いうちに打て	若いうちに能力を高めること / 熱意があるうちにした方がいいこと
伝家の宝刀	最後の手段、切り札
二階から目薬	思い通りにいかず、もどかしいこと
寝耳に水	不意の出来事に驚くこと
人の振り見て我が振り直せ	他人の行動を見て、自分の行動を改めること
仏の顔も三度まで	優しく温厚な人でも、何度も無礼なことをすれば怒るということ
山あり谷あり / 塞翁が馬	人生いろいろなことがあり、幸不幸が予測できないこと
類は友を呼ぶ	似た者同士は自然と集まるということ
猫の手を借りる	とても忙しく、誰でもいいから手伝ってもらいたいこと

話してみましょう

❶ 上の諺を使って経験談を話してみましょう。

例 猫の手も借りたいと思うぐらい忙しかった経験がありますか。

❷ 韓国の諺を紹介してください。

色がつく言葉：どんな色が入るでしょうか？

	言葉	意味
1	目を(　　　　　　　　)させる	びっくりすること。驚くこと。
2	腹が(　　　　　　)	心の中が汚く、悪いことを考えていること。
3	(　　　　　　)の他人	全く縁がない人。無関係な人。
4	朱に交われば(　　　　　　　)くなる	付き合う人に影響されること。
5	(　　　　　)一点	多くのものの中で異彩を放つもの。 多くの男性の中に、一人だけいる女性。
6	(　　　　　)羽の矢が立つ	多くの人の中から選びだされる。
7	(　　　　　)写真を描く	将来の計画を立てること。
8	尻が(　　　　　　)	一人前ではなく、未熟なこと。
9	(　　　　　)色い声	女性や子供の高い声。
10	隣の芝生は(　　　　　　)見える	他人のものは何でもよく見えること。

テーマ トーク　敬語

 敬語で話してみよう

尊敬語			謙譲語		
A お➕Vます形 お/ご➕N	] ➕になる/くださる/です		A お➕Vます形 お/ご➕N	] ➕する/いたす	
B 特別敬語			B 特別敬語		
C 尊敬動詞(受け身と同じ形)			C 使役 ➕ てもらう/いただく てくれる/くださる		

単語	敬語	例文
今日	本日	本日はお越しくださり、誠にありがとうございます。
昨日	昨日	昨日の問題について、私からご説明いたします。
明日	明日	明日のイベントには〇〇社長もいらっしゃる予定です。
今	ただいま	ただいま会議中でして…。
さっき	先ほど	先ほどご連絡いたしました、武田と申します。
後で	後ほど	詳細が分かりましたら、後ほどお電話さしあげます。
都合が悪く	あいにく	あいにく明日は会議の予定が入っておりまして…。
すみませんが	恐れ入りますが	恐れ入りますが、企画書に目を通していただけないでしょうか。
好きですか	お好きでしょうか	コーヒーはお好きでしょうか。
どうですか	いかがでしょうか	大変ご無沙汰しておりますが、いかがお過ごしでしょうか。
～です	～でございます	こちらが先月の売り上げでございます。

練習しましょう

❶ 取引先のお客様が3時に空港に到着します。→

❷ もう少し検討してもいいですか。→

❸ 飛行機よりKTXで行った方が便利だと思いますけど、どうですか。→

❹ お正月はどのように過ごしますか。→

❺ 後で資料を送りますので、連絡先を教えてください。→

❻ その服、どこで買ったんですか。→

❼ さっき社長をカフェで見かけましたけど…。→

・勧める

小橋　あ、川上さん！今度ね、友達と岐阜に行くことになったんですよ。

川上　そうですか。

小橋　川上さん、岐阜県出身だったわよね。どこかいい所はないかしら。

川上　どんなところがお好きですか。

小橋　おいしい料理はこないだ三浦さんに教えてもらったのよね。だからきれいな景色が
　　　見られる所がいいわ。

川上　きれいな景色でしたら、白川郷はいかがでしょうか。ご存じですか。

小橋　白川郷？

川上　ええ、古い民家がありまして…。冬は雪も積もってとてもきれいなんですよ。

小橋　初めて聞くところね。もうちょっと詳しく教えてくれない？

川上　ええ。

・最近のことについて話す

阿部(部下)　おはようございます。今朝の新聞、読まれましたか？

菊池(上司)　いや、まだだよ。

阿部　アメリカでまた新しい商品の製作発表があったみたいですよ。

菊池　そうか、また忙しくなりそうだな。今日NMZの加藤さんが東京に来られるって。
　　　昨日決まったんだ。

阿部　何時に到着されるんですか。

菊池　3時の飛行機だって。すぐこちらに向かわれるみたいだよ。4時には加藤さんと打
　　　ち合わせするから準備を頼むよ。

阿部　はい、分かりました。

・ **自己紹介**

チェ	わたくしは、チェ ミンスと申します。昨年日本に参りまして、日本電気株式会社の営業部に勤務いたしております。
面接官	今回、この展示会のスタッフにはどのような動機で応募されたんですか。
チェ	はい。わたくしは、特に日本の家電製品が好きで、これまで研究してまいりました。今回この展示会で、わたくしが研究テーマにいたしております白物家電が、多数展示されると伺いまして、大変興味深く思った次第です。

話してみましょう

① 敬語を使って自己紹介をしてみましょう。

② クラスメイトに趣味を聞いてください。

③ 旅行の話をしましょう。どこに行ったことがあるか、どこがよかったか話してください。

④ 近況報告をしましょう。最近した事、よかった事、悪かった事を聞いてください。

⑤ 最近起きている出来事について質問し、意見を話してください。

ロールプレイ

① 授業で10分程のプレゼンテーションを行います。どんなテーマで発表するか相談してください。

② 商品の使い方が分かりません。クラスメイトにどのように使えばいいか聞いてください。

③ 会社を辞めることになりました。同じチームの人たちに挨拶をしてください。

④ 急な仕事で会議の時間を変更してもらいたいです。取引先に話しましょう。

⑤ 先生にプレゼントをあげることにしました。何がいいかクラスメイトと相談しましょう。

⑥ レストランでお客様の注文を聞いてください。

すくすく
日本語 회화 4

부록

解答

정답

p. 29 フリートーキング

☑️ スポーツの漢字クイズ

❶ 打球 : ゴルフ

❷ 蹴球 : サッカー

❸ 籠球 : バスケットボール

❹ 排球 : バレーボール

❺ 庭球 : テニス

❻ 羽球 : バドミントン

❼ 拳闘 : ボクシング

❽ 十柱戯 : ボウリング

❾ 氷球 : アイスホッケー

❿ 洋弓 : アーチェリー

---

p. 100~101 テーマトーク V

冠 … 2 / 20 / 袴・振袖

婚 … 〇 / × / × / × / ×

葬 … × / 〇 / 〇 / × / 〇

祭 … 1

---

p. 109 フリートーキング

☑️ 動物の鳴き声を考えてみましょう

1) ブーブー : 豚

2) モーモー:牛

3) ヒヒーン:馬

4) ウキー:猿

5) コケコッコー:にわとり

6) ガオー:ライオン

7) カアカア:カラス

8) チュンチュン:雀(スズメ)

9) ケロケロ:蛙

10) メエー:羊

11) チューチュー:ねずみ

12) コンコン:狐

13) ピヨピヨ:ひよこ

14) ホーホケキョ:鶯(ウグイス)

15) パオーン:象(ゾウ)

p. 121 フリートーキング

☑️ 前向きになれる諺:意味を書きましょう!

❶ 失敗は成功の基:失敗してもその原因を追究したり、欠点を反省して改善していくことで、反対に成功に近づくことができるということ

❷ 思い立ったが吉日:何かをしようと思い立ったら、すぐに始めるのがよいという考え。「吉日」は暦の上で、縁起がよい日。暦を見て吉日を選んでいたりすると時期を逃すから、思い立った日を吉日と思い、行動した方がいいという意味。

❸ 案ずるより産むが易し:物事は事前にあれこれ思い悩むよりも、実際はそれほど難しくないという意味。あまり取り越し苦労をするなという慰めの意味で使われることが多い。

④ 笑う門には福来たる：いつも笑い声が溢れる家には、自然に幸運が訪れる。明るくさえいれば、幸せがやってくるという意味。また、悲しいことや苦しいことがあっても、希望を失わずにいれば幸せがやって来るということ。「笑う門に福来る」「笑う所へ福来る」とも言う。

⑤ 情けは人の為ならず：人に親切にすれば、その相手のためになるだけでなく、後でよい報いとなって自分に戻ってくるということ。

p. 164 テーマトーク VIII

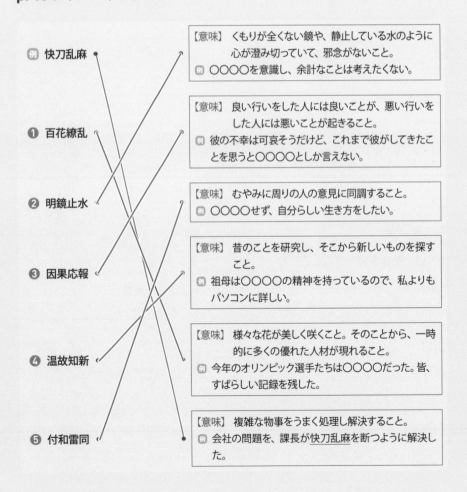

例 快刀乱麻

① 百花繚乱

② 明鏡止水

③ 因果応報

④ 温故知新

⑤ 付和雷同

【意味】 くもりが全くない鏡や、静止している水のように心が澄み切っていて、邪念がないこと。
例 ○○○○を意識し、余計なことは考えたくない。

【意味】 良い行いをした人には良いことが、悪い行いをした人には悪いことが起きること。
例 彼の不幸は可哀そうだけど、これまで彼がしてきたことを思うと○○○○としか言えない。

【意味】 むやみに周りの人の意見に同調すること。
例 ○○○○せず、自分らしい生き方をしたい。

【意味】 昔のことを研究し、そこから新しいものを探すこと。
例 祖母は○○○○の精神を持っているので、私よりもパソコンに詳しい。

【意味】 様々な花が美しく咲くこと。そのことから、一時的に多くの優れた人材が現れること。
例 今年のオリンピック選手たちは○○○○だった。皆、すばらしい記録を残した。

【意味】 複雑な物事をうまく処理し解決すること。
例 会社の問題を、課長が快刀乱麻を断つように解決した。

p. 165 テーマトーク Ⅷ

 1 以心伝シン：心

 2 意気投ゴウ：合

 3 四ク八苦：苦

 4 イッ石二鳥：一

 5 弱ニク強食：肉

 6 単刀チョク入：直

 7 支リ滅裂：離

 8 一刀両ダン：断

 9 十人ト色：十

10 電光石カ：火

11 タ種多様：多

12 危機一パツ：髪

13 奇想テン外：天

14 キ怒哀楽：喜

....

p. 195 テーマトーク Ⅸ

 1 目を(白黒)させる

 2 腹が(黒い)

 3 (赤)の他人

 4 朱に交われば(赤)くなる

 5 (紅)一点

 6 (白)羽の矢が立つ

 7 (青)写真を描く

정답

8 尻が(青い)

9 (黄)色い声

10 隣の芝生は(青く)見える

---

p. 196 テーマトーク X

練習しましょう

❶ → 取引先のお客様が3時に空港に到着されます/到着なさいます。

❷ → もう少々検討させていただいてもよろしいでしょうか。

❸ → 飛行機よりKTXで行かれた方が便利だと思いますが、いかがでしょうか。

❹ → お正月はどのようにお過ごしになりますか/過ごされますか。

❺ → 後ほど資料をお送りいたしますので/送らせていただきますので、ご連絡先を教えていただけますか。

❻ → その服、どちらでお買いになったんですか/買われたんですか。

❼ → 先ほど、社長をカフェでお見かけしましたが…。